Herderbücherei

Band 1776

Über das Buch

Marianne Dirks, die Herausgeberin und Mitautorin dieses Buches, sagt in ihrem Vorwort: Hier sind „Berichte über Glaubenserfahrungen christlicher Frauen verschiedenen Alters, Berufes und verschiedener Konfessionen zusammengetragen, Lebensberichte und Zeugnisse – vielfach eine Mischung von beidem ... sie erschließen religiöse Einsichten oft lebendiger, als theologische Erörterungen dies können ..." Thema und Intention dieses Buches beschreibt Marianne Dirks so: „Wenn einmal das Glaubensleben der Frauen entlastet ist von den Denkweisen und Formen einer seit Jahrhunderten nur von Männern geprägten Gottesverehrung, wenn wir in Gott – nicht in Anstrengungen bemüht, sondern ganz selbstverständlich – neben den väterlichen und manchen anderen auch die mütterlichen Züge sehen, wenn Männer sich dafür einsetzen, daß die weiblichen Elemente auch in der Theologie und Glaubensunterweisung aufgenommen werden, – dann müßten Frauen und Männer in einer menschlicheren Kirche leichter und froher glauben können. Die Weltstunde fordert uns dazu heraus."

Über die Autorin

Marianne Dirks, geboren 1913; Musiklehrerin, 1941 Heirat mit dem Publizisten Walter Dirks, vier Töchter; 1951–1972 Präsidentin der Katholischen Frauen- und Müttergemeinschaft Deutschlands, 1968–1972 Vizepräsidentin des Zentralkomitees der deutschen Katholiken; lebt in Wittnau bei Freiburg i. Br. – Veröffentlichungen zu Themen der Pastoral im Geiste des Zweiten Vatikanums und zur Emanzipation der Frauen.

Marianne Dirks (Hg.)

Glauben Frauen anders?

Erfahrungen und Anstöße

Herderbücherei

Bildnachweis: Deutsches Aussätzigenhilfswerk, S. 105; José Höhne-Sparborth, Utrecht, S. 82; Christine Hübinger, Bonn-Röttgen, S. 120; Foto Pomberg, Gmund/Tegernsee, S. 177; Günter Törner, Marburg, S. 34; Kristina Eriksson, Berlin, S. 131; Ernst Herb, Frankfurt, S. 7; Foto Kreidler, Horb a.N., S. 94; World Council of Churches, Genf, S. 28; Jesper Dijohn Pressefoto, Neuenegg, S. 157; alle übrigen Herder Bildarchiv oder durch die Autoren.

Neuausgabe 1993

Herder Freiburg · Basel · Wien
Herstellung: Freiburger Graphische Betriebe 1992
Umschlagmotiv: Fototeam Wiemer, Münster
ISBN 3-451-08776-6

Inhalt

MARIANNE DIRKS, geboren 1913 in Stuttgart, Abitur und Studium der Musik in Freiburg, Musiklehrerin. 1941 Heirat mit dem Publizisten Walter Dirks, vier Töchter. Ab 1946 aktive Mitarbeit in der Frauenseelsorge; 1951 bis 1972 Präsidentin des Zentralverbandes der Katholischen Frauengemeinschaften Deutschlands; 1951 bis 1973 Mitglied des Geschäftsführenden Ausschusses im Zentralkomitee der Deutschen Katholiken. Mitglied der Synode der deutschen Bistümer. Lebt heute in Wittnau bei Freiburg.

Glauben Frauen wirklich anders?

In diesem Buch sind Berichte über Glaubenserfahrungen christlicher Frauen verschiedenen Alters, Berufes und verschiedener Konfessionen zusammengetragen, Lebensberichte und Zeugnisse –, vielfach eine Mischung von beidem.

Wenn der Glaube zuerst vom „Hören“ kommt, also durch andere vermittelt wird, kann es eine wichtige Hilfe zum existentiellen Glauben sein, Erfahrungen weiterzugeben; sie erschließen religiöse Einsichten oft lebendiger als theologische Erörterungen dies können. (Man spricht mit gutem Recht von „narrativer Theologie“, – in mehrerlei

Sinn.) Das gilt aber nicht nur für die Glaubenszeugnisse von Heiligen oder besonders begnadeten Menschen, sondern auch für die von „normalen" Christen – wenn sie nur eine Geschichte mit Gott erfahren haben und sie auszusagen verstehen. Jeder kann eine erfahren, der für Gottes Anrufe hellhörig ist. Auch belastende Erfahrungen können helfen, wenn sich ein anderer mit ähnlichen Problemen herumschlägt.

Warum aber nur Berichte von Frauen? Der Arbeitstitel des Buches hieß „Glauben und Emanzipation – Frauen berichten über ihre Erfahrungen". Wenn Johannes XXIII. recht hatte, als er die Emanzipation der Frauen (neben der der farbigen Rassen und der Arbeiter) als „Zeichen der Zeit" bezeichnete, dann liegt es nahe, Frauen zu fragen, ob ihr Glaube ihren Weg zur Selbständigkeit beeinflußt hat, – und umgekehrt: wie sich der Prozeß der Selbstfindung in ihrem Glaubensleben spiegelt.

Der Begriff „Emanzipation" wurde in einigen Beiträgen bedacht; andere Autorinnen wollten ihn nicht betonen, oder sie erklärten sich selber als nicht besonders emanzipiert. („Emanzipation" ist offenbar immer noch ein Reizwort, – nicht nur bei Männern oder konservativen Frauen, die abwertend von „Emanzen" sprechen.) Doch sind die Mitarbeiterinnen des Buches faktisch alle „emanzipierte Frauen", wenn man darunter geistig selbständige Frauen versteht, die nicht auf Männer oder – als Laien – auf kirchliche Amtsträger hingeordnet oder von diesen abhängig sind; wäre es anders, so könnten sie ihre Glaubenserfahrungen nicht so souverän niederschreiben.

Mit dem Titel „Glauben Frauen anders? Erfahrungen", den wir in der Diskussion mit dem Verlag schließlich wählten, hatte die eine oder andere Autorin Schwierigkeiten. (Eine Schriftstellerin: „Ich weiß wirklich nicht, ob Frauen anders glauben. Keine Ahnung!") Eine Autorin fand, daß der Arbeitstitel „ansprechender“ gewesen wäre. Aber schließlich waren wir uns klar: die im Titel formulierte Frage brauchte durchaus nicht von den Autorinnen beantwortet werden. Sie war eher eine Herausforderung an die Leser. Diese sollten „mitspielen“ bei der Suche nach einer Antwort auf diese Frage. Sie ist ja eben nicht so ohne weiteres mit ja oder nein zu beantworten: Man kann leichthin sagen, daß Frauen selbstverständlich anders glauben, weil sie ja auch anders lieben und (auch heute noch) unter anderen Bedingungen leben, weil sie bis in die kleinste Körperzelle anders angelegt sind; wie sollte sich das nicht auch auf ihr Glaubensleben auswirken? Ebenso leicht kann man aber auch sagen: Warum eigentlich sollten Frauen anders glauben als Männer?, – sie glauben als Christen doch beide an den Einen Gott, den Vater und den Herrn Jesus Christus und den Heiligen Geist; und verläuft nicht der Glaubensprozeß – die Antwort des Menschen auf Gottes Anruf – bei jedem einzelnen Menschen anders und einmalig, nicht nach Geschlechtern unterschieden? Das Buch muß und will die im Titel formulierte Frage also offen halten und die Berichte als Zeugnisse aus dem Leben für sich sprechen lassen.

(Wie es einem bei einer solchen Herausgeber-Arbeit geht: liegen die Manuskripte auf dem Tisch, so verändern sich zwar nicht grundlegend, aber merklich die Vorstellungen, die man bei der Planung gehabt hatte.)

Die Diskussion über den Fragenkomplex um die Polarität der beiden Geschlechter ist gerade angesichts des neuerlichen „Aufstands“ der Frauen in den christlichen Kirchen so im Fluß, daß sich wenig aussagen läßt, was über den wechselnden Trend hinaus gültig bliebe. Wir stehen noch mitten in einem Prozeß, dem wir uns erst einmal stellen müssen. Die Frauen der Frauenbewegung um die Jahrhundertwende erstritten sich den Zugang zu männlichen Bildungs-Chancen und Berufen, indem sie sich in die Welt der Männer zu integrieren suchten und beweisen wollten, daß sie die gleichen Leistungen erbringen können. In den lebhaften Diskussionen emanzipierter Frauen in den 60er Jahren war es dann streng verpönt, von spezifisch weiblichen Eigenschaften oder Charakteranlagen zu sprechen; nur im engsten Bereich des Biologischen wollte man diese gelten lassen: Der „kleine Unterschied" sollte so klein wie möglich definiert werden. Daß die Frau mehr durch Gefühl und Sensibilität bestimmt sei, mehr passiv und hingebend erscheine, müsse in erster Linie als Folge von Konvention und Rollenzuweisung gesehen werden, – wenn es überhaupt stimme. Auch wenn man zugeben mußte, daß sich angesichts der leib-seelischen Einheit des Menschen biologische Gegebenheiten auch in der geistig-seelischen Struktur der Frau auswirken müßten, war man jedenfalls doch sehr allergisch gegen jede Rede vom „Wesen der Frau". Aus der Zeit meiner aktiven Mitarbeit in der Frauenseelsorge nachhaltig dagegen geimpft, bin ich heute immer wieder überrascht über die selbstverständliche Unbefangenheit, mit der Vertreterinnen der feministischen Theologie von den weiblichen Werten des Gefühls und des Unbewußten, der Zartheit oder der Innerlichkeit sprechen: es gelte, sie ganz neu in die männliche Theologie und Kirche einzubringen. Dabei setzen sie voraus, daß sich in jeder Frau männliche, in jedem Mann weibliche Elemente finden. In einem Artikel zur Weiblichkeit Gottes sagt der reformierte Theologe Kurt Marti: „Es ist eine psychologische Binsenwahrheit, daß ein Mann desto kreativer wird, je mehr sich seine weibliche Seite entfalten, und eine Frau desto kreativer, je mehr sich auch ihre männliche Seite entwickeln kann. Darin spiegelt sich das weiblich-männliche Geheimnis der ursprünglichen Kreativität Gottes."

Im übrigen verbietet uns die Ahnung des unergründlichen Geheimnisses, das wir Gott nennen, im wörtlichen Sinn von einer Weiblichkeit Gottes oder von seiner Männlichkeit oder auch von einer damit gegebenen, also geschlechtlichen Polarität in Gott zu reden. Diese Polarität ist im *Menschen* verwirklicht, so daß, was Gott betrifft, im Grunde nur von einer Polarität in unseren *Vorstellungen* von ihm gesprochen werden kann. Es ist aber durchaus sinnvoll, die innermenschliche Polarität theologisch ins Spiel zu bringen, – es gibt für uns ja keinen anderen Weg, Gottes Wirklichkeit in der richtigen Richtung zu erfassen, als durch Vorstellungen, die aus menschlichen Erfahrungen gewonnen sind. (Die Theologen bezeichnen diese Erkenntnis als „negative Theologie".)

Die feministischen Theologinnen sind überzeugt, daß die Verrechtlichung der Kirche, daß ihr Paktieren mit den Mächtigen und ihre „verkopfte" Theologie mit der Abwesenheit der weiblichen Substanz (die gerade in dem Mann Jesus stark ausgeprägt gewesen sei) in Theologie und Glaubensleben zusammenhängen. Viele wache Frauen hatten schon vor dem Zweiten Vatikanischen Konzil immer wieder kritisch oder klagend, aber ohne spürbare Wirkung gefordert, die Frauen und mit ihnen die weiblichen Elemente sollten mehr Einfluß in der Kirche gewinnen; die feministischen Theologinnen verfechten heute mit radikaler Konsequenz und oft zornig eine Theologie, die sich von der männlich-akademischen Theologie und ihren rationalen Systemen betont distanziert. Sie sind daran, Neuland zu erobern, dementsprechend verständlicherweise auch „einseitig" und in mancher Hinsicht anfechtbar. Aber sie haben die Diskussion über die „Natur" und die „Rolle" der Frau neu in Bewegung und ins Spiel gebracht. Wir können noch nicht wissen, welche Wendungen dieser Prozeß nehmen und wohin er uns führen wird. Aber wir müssen uns als Frauen und als Männer dafür offenhalten. Wir sollten uns vor allem dafür einsetzen, daß in der Kirche menschlicher geglaubt wird, – „mit ganzem Herzen und ganzer Seele und mit allen Kräften", zu denen auch Verstand und Vernunft gehören. Es entspricht der Intention dieses Buches, daß die darin vertretenen feministischen Theologinnen (Halkes und Sölle) zuerst ihre persönlichen Glaubenserfahrungen niederschreiben und dann erst ihre theologischen Überzeugungen reflektieren.

Wir sollten also in den Erfahrungsberichten das aufspüren, was uns diesem Ziel eines menschlicheren Glaubens und einer menschlicheren Kirche näher bringen könnte. Das heißt zugleich: einem Glauben und einer Kirche, die vom Geist des Evangeliums durchdrungen sind.

Eines möchte ich sicher dazu rechnen dürfen: die bemerkenswerte Offenheit, mit der die meisten Autorinnen aus ihrem Leben berichtet haben. (Mir scheint, sie haben dabei die Grenzen der Diskretion nicht verletzt.) Manche schrieben mir vorher, ein solches Bekenntnis falle ihnen nicht leicht. Für diese Offenheit und Unbefangenheit bin ich den beteiligten Autorinnen dankbar. Sie hatten begriffen, daß nur da, wo ehrlich und glaubwürdig berichtet wird, etwas im Leser in Bewegung kommt. Karl Rahner sagt in einem Text zu der Buchreihe über Glaubenszeugnisse, in deren Rahmen dieser Band erscheint: „Wir sollten in der Kirche wieder jene brüderliche Offenheit lernen, die auch den Austausch persönlicher Spiritualität in der Unbefangenheit des Bekenntnisses und Zeugnisses kennt." Manche Leser mögen einige schonungslose Bekenntnisse von Not und Schwierigkeiten im Umgang mit Gott (nicht nur mit dem männlichen Gott . . .) schockieren; aber man durfte hier nichts retuschieren. (Man wird diese Beiträge auch nicht zuerst nach literaturkritischen Maßstäben beurteilen. Daß wir den Erfahrungsberichten einen „Epilog" hinzufügten, wird vielleicht manche verwundern, sicher aber auch viele erfreuen.) Wir haben versucht, Frauen mit möglichst verschiedenem Engagement einzuladen, haben uns aber nicht an einen bestimmten Proporz gehalten. Doch sind durch einige Absagen wichtige Bereiche zu kurz gekommen. So haben zwei Politikerinnen abgesagt, die eine wegen Überlastung, die andere „aus Gründen, die gerade im ‚Frauenspezifischen' liegen"; wegen Arbeitsüberlastung haben auch zwei Oberinnen „beschaulicher" Orden abgesagt und zwei Expertinnen der Frauenbildungsarbeit; eine Psychotherapeutin, weil sie in der letzten Zeit „so viel über das Thema gearbeitet und veröffentlicht" habe, daß ihr im Augenblick nichts Neues dazu einfalle. Eine Juristin konnte sich trotz ausgiebigem Briefwechsel mit der Fragestellung nicht befreunden: „. . . so glaube ich also auch nicht an das ‚spezifische Selbstverständnis' der Frau; und alle z. Zt. keimende ‚feministische Theologie' ist mir ein Greuel!"

Aber die meisten begrüßten das Projekt nachdrücklich, obwohl sein Fernziel nicht leicht zu definieren war: sie spürten wohl, daß es hier „nicht nur um Erfahrungen geht, die zu vertiefen sich lohnt, sondern auch um Aufgaben" (D. Sölle). Wer einmal aus der Nähe mitbekommen hat, wie Frauen, die noch in innerer Unfreiheit und Abhängigkeit leben, meist auch in ihrem Glaubensleben eingeengt und festgefahren sind, der wird eine Aufgabe darin sehen, zur Veränderung ihres Bewußtseins beizutragen. Wenn solche Frauen in dem Buch nicht zu Wort kommen, so einfach deshalb, weil sie nicht oder noch nicht imstande sind, ihre Situation ins Wort zu bringen, – sie haben sie noch nicht ins Bewußtsein gebracht. Umgekehrt geht aus den vorliegenden Zeugnissen hervor, daß Diskriminierungen, wie sie emanzipierte Schreiberinnen erfahren haben, ihren Glauben nicht ernstlich gefährden konnten; wo er unter Schwierigkeiten gereift ist, reicht er in Tiefenschichten hinab. Man spricht heute viel vom „lautlosen Auszug der

Frauen aus der Kirche"; dieser ist eine Folge ihres Zorns über den Zustand dieser Kirche und keineswegs ein Zeichen dafür, daß sie ihren Glauben über Bord geworfen hätten.

Was unsere Grundfrage angeht, so kann man sicher soviel sagen: Die individuellen Verschiedenheiten im Ansatz der Texte und in den Positionen zur „Frauenfrage" sind weit größer als geschlechtsspezifische Gemeinsamkeiten, was immer der eine oder andere Leser an solchen herauslesen mag: sie sind vorhanden, aber ich würde es nicht wagen, sie eindeutig zu fassen. Vermutlich würde eine Zusammenstellung nur männlicher Glaubenszeugnisse andere Akzente aufweisen. (Vgl. dazu „Mein Gott – erfahren, bedacht, erzählt". Theologie von Nicht-Theologen, hrsg. von Heinz Zahrnt, Lutherisches Verlagshaus Hamburg 1979. Dort sind Beiträge von Männern und Frauen zusammengetragen.)

Die Zeugnisse einer vitalen Kirchenkritik von Männern über 60, wie sie in dem Band „Zorn aus Liebe – Die zornigen alten Männer der Kirche" (hrsg. von Norbert Sommer, Kreuz Verlag Stuttgart 1983) zusammengestellt sind, waren unter diesem bestimmten Aspekt konzipiert und spiegeln auch nur zum Teil Glaubenserfahrungen wider; so sind sie nicht zum Vergleich geeignet. Aber es läßt aufhorchen und berührt sich mit unseren Überlegungen, wenn der Herausgeber auf die Frage, warum er denn keine zornigen alten Frauen aufgenommen habe, im Vorwort schreibt: „. . . Eine sicherlich berechtigte Frage. Aber offensichtlich ist die ältere Frauengeneration traditionell so von der ‚Männerkirche' bevormundet worden, daß aus ihren Reihen nur wenige mit einem vergleichbaren Zornes-Potential zu finden gewesen wären. Die Galerie der zornigen alten Männer in der Kirche ist insofern ein getreues Abbild der Realität heutiger Kirche. Eine Aufnahme der wenigen zornigen alten Frauen in diesen Kreis hätte gerade diesen zorneswürdigen Mißstand vertuscht. Die Tatsache, daß nur einige alte Männer diese Frage zum Gegenstand ihres Zornes erhoben haben, und die Beobachtung, daß die jüngeren Frauen in der Kirche die Diskriminierung nicht länger einfach hinnehmen, sind Veranlassung genug, demnächst eine eigene Reihe über die zornigen Frauen in der Kirche folgen zu lassen." Ob unsere Autorinnen, die fast alle der älteren und der mittleren Generation angehören, Elemente von Zorn äußern, mag man beim Lesen selbst entscheiden.

Übrigens hat der Verlag unmittelbar hinter dem letzten zornigen Männerbeitrag eine Leseprobe aus dem radikal argumentierenden Buch der jungen feministischen Theologin Christa Mulack „Die Weiblichkeit Gottes" angefügt. Die feministische Theologie sei notwendig, heißt es in diesem Text, „um das geistige Aussterben des Weiblichen zu verhindern. Mit ihr wurde ein Forum geschaffen, das die spezifisch weibliche Form des Denkens, Schreibens, Redens und Forschens schätzt, da es die Dimension des Gefühls selbstverständlich mit einschließt und so die weibliche Selbstfindung fördert, womit bereits ihr Hauptziel angesprochen ist."

Von „Selbstfindung" ist in mehreren unserer Beiträge die Rede; sie ist der erste Schritt, den wir tun müssen, wenn wir als Frauen Gott finden wollen, ohne uns selber zu verlieren, – eine Gefahr, von der wohl auch heute noch Frauen mehr bedroht sind als Männer. Die Selbstfindung schließt nicht aus, sondern ein, daß wir bereit sind, uns selber und alles, was uns lieb und teuer ist, loszulassen, hinzugeben, wenn Gott ruft.

Wenn einmal das Glaubensleben der Frauen entlastet ist von den Denkweisen und Formen einer seit Jahrhunderten nur von Männern geprägten Gottesverehrung, wenn wir in

Gott – nicht in Anstrengung bemüht, sondern ganz selbstverständlich – neben den väterlichen und manchen anderen auch die mütterlichen Züge sehen, wenn Männer sich dafür einsetzen, daß die weiblichen Elemente auch in der Theologie und Glaubensunterweisung aufgenommen werden, – dann müßten Frauen und Männer in einer menschlicheren Kirche leichter und froher glauben können. Die Weltstunde fordert uns dazu heraus.

HILDEGARD LÜNING, geboren 1936, religiös aufgewachsen in der Hamburger katholischen Minderheitenkirche, weiter entwickelt im rheinischen Katholizismus, glaubensbewußt geworden durch vielfältige Begegnungen mit der Kirche in Lateinamerika. Berufsstationen: Arbeit mit sozial geschädigten Kindern und Jugendlichen in klinischer Psychosomatik, Kindertagesstätten und einem Heim der Offenen Tür in Wohnlagern; Redakteurin der (inzwischen verstorbenen) Mädchenzeitschrift „die bunte kette" im Bund der Deutschen Katholischen Jugend; Pressereferentin der Bischöflichen Aktion ADVENIAT; seit 1970 Redakteurin beim Süddeutschen Rundfunk, Redaktion Kirche und Gesellschaft.

Wie ich lernte, Maria wieder zu lieben

Meine Mariengeschichte beginnt vor meiner Geburt. Sie ist ein Stück aus der Befreiungsgeschichte einer heute mittel-alterlichen Frau.

Bevor meinen Eltern die erste Tochter geboren wurde, rangen sie miteinander um den Namen. Vater wünschte sich eine Maria. Als Kind aus dem katholischen Emsland in die Hamburger Diaspora verschlagen, verband er mit dem Namen Maria die Geborgenheit in einer christ-katholischen Tradition und das Bekenntnis zu ihr. Maria hatte den Geruch von Maiglöckchen und Maiandachten, den Geschmack von Wallfahrten mit Butterbrot und Speck, die Gestalt einer lieblichen Jungfrau, mild lächelnd im Schimmer der Kerzen, die auch die strengen, herben, bitteren Züge sorgengeplagter Mütter eine Weile zart und weich erscheinen ließen. So innig wie Vater habe ich niemanden singen hören: „Maria zu lieben, ist allzeit mein Sinn, in Freuden und Leiden ihr Diener ich bin . . ." Mutter kniff dabei die Lippen zusammn. Sie konnte nie heucheln und war eine für ihren Jahrgang (1903) erstaunlich emanzipierte Frau. Religiös großgeworden unter der Leitung von Nonnen, verband Mutter mit dem Namen Maria andere Erinnerungen: Erziehung nach einem Frauenvorbild, mit dem sie sich nicht identifizieren konnte. Da erschien Maria als ein willenloses Geschöpf, eine Jasagerin, in Demut und Gehorsam unterworfen dem Willen Gottes, der sich für „Marienkinder" verkörperte im Willen der Männer, der Priester, Chefs, Gatten.

Mutter wollte mich Hildegard nennen. Sie setzte sich durch und stellte mir das Modell einer hochbegabten, unabhängigen Frau voran, einer Pionierin in Natur- und Geisteswissenschaften ihrer Zeit, die es wagte, den Machthabenden in Kirche und Staat die Leviten zu lesen, weil diese Hildegard von Bingen tiefer als die herrschenden Zeitgenossen eingedrungen war in die Geheimnisse Gottes und berufen, seinen Willen kundzutun. Mit meiner Namenspatronin habe ich immer gut leben können. Ihre Visionen erschließen mir heute neue Wege in das Abenteuer des Geistes. Ganz anders war mein Umgang mit Maria, die als zweiter Name in meinem Taufschein erscheint. Ich lernte zunächst, Maria zu lieben. Das war im Krieg, in den Vater abgezogen wurde, als ich drei Jahre alt war. Mit dem Schutz von Weihwasser und Kreuzeszeichen auf der Stirn fanden wir Halt an unseren Rosenkränzen, wann immer die Sirenen uns in den Bunker trieben, in den vielen, mörderischen Hamburger Bombennächten. Mutter vergaß ihre theologischen Bedenken und brachte uns angstfrei in den Keller: „Unter Deinen Schutz und Schirm fliehen wir, o heilige Gottesgebärerin, verschmähe nicht unser Gebet in unseren Nöten . . ." Die Vorstellung, daß Maria einen bombensicheren Mantel über unser Haus hält: „Maria breit' den Mantel aus, mach Schutz und Schild für uns daraus . . .", war dem kleinen Mädchen Hildegard so selbstverständlich wie die Überzeugung, daß eine Mutter im Himmel das Gebet ihrer Kinder erhört und mächtig genug ist, für uns höchstpersönlich einzugreifen und die Bombenflugzeuge abzulenken. Der Glaube wurde Wirklichkeit. Unser Haus blieb heil, die Familie unversehrt, und der vermißte Vater kam überraschend heim, genau am Vorabend der Erstkommunion meiner Schwester Maria. Das war für mich ein Wunder, fest verbunden mit dem Namen der Maria in unserer Familie und der Maria im Himmel. Daß Gott oder Marias Sohn Jesus so unmittelbar rettend eingreifen könne, hatten wir nie gehört. Es wäre wohl auch keinem Familienmitglied in den Sinn gekommen, weder Vater an der Front, noch Mutter mit den Kindern im Luftschutzraum, getrennt-vereint zu beten: „Jesus breit den Mantel aus" oder: „Unter Deinen Schutz und Schirm, fliehen wir, o Gottessohn".

Nachdenklich hat mich diese Tatsache erst später gemacht, als ich – drei Jahrzehnte alt geworden – wieder lernte, Maria zu lieben. Zwischendrin aber wandelte sich die kindliche Zuneigung über Abscheu zu Gleichgültigkeit. Die Ordensfrauen, die mich nach der Wiedereröffnung der Hamburger Konfessionsschulen in den ersten Nachkriegsjahren in die Finger bekamen, haben leider nichts unterlassen, um mein Gewissen nach dem Modell jenes Marienbildes zu kneten, gegen das schon meine Mutter rebelliert hatte. Ich ging in den Widerstand und streckte alle Stacheln, um den Marienmantel zu durchlöchern, der mich nun zu ersticken drohte. Maria wurde zum Symbol einer weiblichen Rolle, die mir verhaßt war. Ich ließ sie das spüren, sang in den Schulgottesdiensten: „Maria zu lieben ist niemals mein Sinn" und schwor mir, bestimmt nicht wie diese Jungfrau zu werden, die uns als Modell angeboten wurde, diese niedrige und reine Magd, dieses geschlechtslose Wesen, dienstbar, züchtig, bescheiden, brav, langweilig. Kindlich-pubertären Jahren der Auflehnung folgten – mit dem Wechsel auf eine weiterführende Staatsschule, außerschulischem Religionsunterricht bei Jesuiten und der freiwilligen Teilnahme am protestantischen schulischen Religionsunterricht – neue Einsichten. Maria wurde mit aller Heiligenverehrung von mir in das Dunkel von „römisch-katholischem Aberglauben" verbannt. Sie war mir bald abhanden gekommen, abgelegt, wie ein altmodisches, zerschlissenes Kleid. Mein neuer Katholizismus war „modern", mit jesuitischer Schulung auf der Höhe der Zeit, christuszentriert. Maria kam in diesem Religionsunterricht gar nicht mehr vor. Wir übten uns in einem von „überflüssigen Beiwerk gereinigten", „aufgeklärten", biblisch-exegetisch fundiertem Glauben und feierten ihn in liturgisch-reformierter Eucharistie, in die sich nie mehr ein Marienlied verirrte.

Das war mein Standort und ich 14 Jahre jung, als 1950 von Papst Pius XII. das Dogma von Mariä Himmelfahrt verkündet wurde. Da war ich längst nicht mehr allein mit der Empörung gegen solche „völlig unnötige Provokation" der evangelischen Brüder und Schwestern. Meine katholischen Religionsunterweiser verstanden es, uns den Unterschied zwischen erst- und zweitrangigen Glaubenssätzen klarzumachen und uns für die heftigen Diskussionen in unserer protestantischen Umwelt mit der Aussage zu rüsten, daß sich eigentlich gar nichts geändert habe: Seit urchristlichen Zeiten sei schließlich gemeinsames Glaubensgut aller Christen, daß die Mutter Jesu todüberwindend ihrem auferstandenen Sohn nachgefolgt sei. Überdies sei evangelischen Christen zurecht der Reliquienkult der katholischen Kirche zuwider. Von Maria habe es niemals in der Kirchengeschichte Gebeine als Reliquien gegeben. Kein Grund also zur Aufregung über ein neues Dogma. So mogelten wir uns durch unseren Unglauben an die neue Katholische Glaubenslehre. Erst viel, viel später suchte ich im Gefolge von feministischen Theologinnen und von zeitgenössischen männlichen Theologen nach dem „weiblichen Gesicht Gottes" und entdeckte, wie anregend dabei „Maria Himmelskönigin" ist, die schon das frühe Christentum an die Stelle der vorchristlichen Göttinnen gerückt hatte. Doch diese jüngste Aneignung von Maria ist an ein neues Bewußtsein als Frau in einer männerregierten und -geprägten Kirche geknüpft. In der Chronologie meiner Mariengeschichte liegt vor dem Zorn über das enteignete Selbstwertgefühl von weiblichen Christen der Einblick in die Folgen der existentiellen Enteignung von ganzen Völkern durch Christen. Und da entdeckte ich eine mir ganz neue Maria, nennen wir sie: Maria vom Widerstand.

Auf ihre Spur brachte mich die Arbeit in Adveniat, dem Hilfswerk der deutschen Katholiken für die Kirche in Lateinamerika. Das war in der Mitte der 60er Jahre. Meine erste Reise in die mir fremde Dritte Welt begann in Mexiko. Ich hatte den Kopf voll angelesener „Weisheiten" über den „Aberglauben" der Lateinamerikaner. Ich glaubte mich gut informiert darüber, daß sie „nie richtig christianisiert worden sind" und wir nun mit Geld und Missionaren berufen seien, die „gutgläubigen, doch irregeleiteten und vom Kommunismus bedrohten indianischen Völker" vor weiterer Verderbnis zu retten. Mein Missionseifer war politisch im Einklang mit dem Geist des Kalten Krieges. Meine theologische Ortschaft war in keimfreier Rationalität angesiedelt. Darin hatten Menschen im Elend mit ihren Hoffnungen auf schicksalswendende überirdische Mächte keinen Platz. Sie verdienten bestenfalls Mitleid und besserwisserische Hilfe, um ihren „Fatalismus“ zu überwinden. Solche „bedauernswerten Indios“ erlebte ich nun in Mexiko am nationalen Wallfahrtsort der Madonna von Guadalupe. Ich erinnere mich noch gut an den Schock und den Ärger, mit dem ich bei der ersten Besichtigung die Gläubigen beobachtete, die auf Knien, Meter um Meter vom Rande des riesigen Vorplatzes auf das Heiligtum zurobbten, arme Frauen und Kinder, auch Männer. Ich dachte: Wenn ihr Elenden und Ausgebeuteten eure Kraft und eure vom Hungerlohn abgesparten Pesos, die ihr da in Kerzenopfern und Opferstöcken in der Basilika von Guadalupe laßt, zusammenlegt, um in eurem Elendsviertel eine Wasserleitung zu bauen, brauchtet ihr nicht mit blutigen Knien diese Madonna von Guadalupe vergeblich um Hilfe bitten. Was könnt ihr von dem winzigen Bild in der goldreichen barocken Prachtkathedrale erwarten?

Doch die Forschungen nach dem Ursprung und der Wirkungsgeschichte der Madonna von Guadalupe haben mich bald durcheinander gebracht. Denn da bin ich zum ersten Mal in die Kluft zwischen Hochschultheologie und Volksglauben gefallen. Und ich habe den Widerspruch wahrgenommen zwischen der Geschichtsschreibung der Herrschenden in Staat und Kirche und dem geschichtlichen Gedächtnis, das im Glaubensleben der Völker bewahrt wird. Steigen wir ab ins 16. Jahrhundert. Das ist die Zeit, in der von Mexiko aus der indianische Kontinent – Lateinamerika – kolonisiert wurde. Mit den spanischen Eroberern kamen die Missionare. Der christliche Glaube wurde den Eingeborenen übergestülpt im Verbund von Kreuz und

Schwert. Auch die weisen Indianer, die eine Rettung durch Reiter auf weißem Pferd vorausgesagt hatten (Pferde waren bis dato in Indioamerika unbekannt), konnten nicht verstehen, warum der Christengott ihren Göttern überlegen sein sollte. Die Azteken hatten ihren Göttern Menschenopfer gebracht, das schien den Christen abscheulich. Den Indianern war nicht minder widerlich, daß die Christen ihnen einen „geschlachteten", gekreuzigten Gott vorführten. Wie auch immer: Jesus Christus begegnete den Indianern als Rückgrat einer ausbeuterischen Kolonialherrschaft. Bis seine Mutter eingriff und sich mit den Unterworfenen verbündete. Maria, so erzählt die Überlieferung zur Madonna von Guadalupe, erschien bald nach der Eroberung im Dezember 1531 dem Indianer Juan Diego. Sie sah aus wie eine junge Frau aus seinem Volk und redete mit ihm in seiner Sprache. Sie sagte, sie sei gekommen, um ihre Liebe, ihr Mitlied, ihren Schutz und ihre Hilfe allen zu erweisen, „die diese Erde bewohnen" – das heißt: der ihres Landes beraubten indianischen Urbevölkerung. Eine Kirche solle ihr gebaut werden, der Schutz-Muttergottes in der Gestalt einer einheimischen jungen Frau, sagte Maria. Sie wolle ihrem Volk nahe sein. Später erkämpften sich die Mexikaner mit der Fahne der Madonna von Guadalupe voran ihre Unabhängigkeit von der Kolonialmacht Spanien. Das war Anfang des vorigen Jahrhunderts. Die bäuerlichen Freischärler der mexikanischen Revolution von 1910 sammelten sich auch wieder um das Bild der indianischen Maria. Heute ist ihre befreiende Gegenwart unter anderem bei den mexikanischen Landarbeitern in Nordamerika zu finden, die sich um sie zur Gewerkschaft der Chicanos geeint haben. Und auch bei der Frauenbewegung der „Marias" bin ich ihr wiederbegegnet, die 1975 im Internationalen Jahr der Frau entstand. Ein Zusammenschluß von Arbeiterfrauen ist das, die sich mutig und phantasievoll für die Verbesserung der Lebensbedingungen in den Elendsvierteln einsetzen. Ich fragte die „Marias“ in Cuernavaca, warum sie sich „Marias“ nennen und warum ihre Zeitschrift, in der sie in selbstgemachten Fotoreportagen von ihrem Kampf erzählen, „Maria, Liberación del Pueblo“ heißt, „Maria, Befreiung des Volkes“. Sie verwiesen mich auf die Wirkungsgeschichte der Madonna von Guadalupe und rieten mir, doch einmal in der Bibel nachzulesen, was für eine Frau diese Maria war, die schon vor 2000 Jahren angekündigt hat, was das Kind, mit dem sie schwanger ging, vollbringen wird: „Der Herr wird die Mächtigen vom Thron stürzen und die Niedrigen erheben. Er wird die Hungrigen mit Gütern füllen und die Reichen läßt er leer ausgehen“. Ich lernte in Mexiko, daß die Prophetie der Maria von Nazareth das Herzstück im Beten der Armen ist, die untrügliche Hoffnung aller, die Ungerechtigkeit leiden, und eine Ermutigung, gegen Unrecht aufzustehen. Ich hörte, wie sich die „Marias“ unserer Tage wiederfinden im Lebensweg der Mutter Jesu. „Sie hat doch selbst erlebt, was wir leiden und hoffen, wir unehelichen Mütter, wir landflüchtigen Frauen, die mit Mann und Kindern ihre Heimatdörfer verlassen haben, um zu überleben, wir Exilantinnen, die nach Mexiko geflohen sind vor dem Zugriff der Diktatoren . . .“ Als ich nach diesen Erfahrungen mir das Neue Testament wieder hervorholte und alles las, was dort über Maria erzählt wird, entdeckte ich eine ganz andere Frau als die, die mir familiengeschichtlich und religionsunterrichtlich vermittelt wurde. Es ist mir nicht schwer gefallen, diese Maria mit mir erwachsen werden zu lassen. Hier ist kein Platz, das alles zu beschreiben. Auch nicht, was ich dann in Polen gelernt habe, anhand der Geschichte und bis heute erfahrbaren Wirkung der Madonna von Tschenstochau; auch nicht, was ich an anderen Wallfahrtsorten an Einfühlung gewann in die aufrichtende Kraft der Gottesmutter, die sich immer den Armen, den Kleinen, den Schwachen, den Kranken, Verzweifelten und Geschundenen verbunden hat. Ich kann hier auch nicht mehr schildern, wie anregend jüngst für mich die religiösen Erfahrungen der im Jahre 1980 ausgewiesenen Leningrader Dissidentinnen geworden sind, der Initiatorinnen der ersten russischen Frauenbewegung im Widerstand, die ihre emanzipatorische Gruppe „Club Maria" genannt haben.

Ich möchte zum Abschluß von einer lateinamerikanischen Basisgemeinde berichten, in Nicaragua, wo vor dem Sieg der Sandinistischen Befreiungsfront in den letzten Jahren der Somoza-Diktatur der Priester, Dichter und heutige Kulturminister Ernesto Cardenal mit seiner christlichen Kommune von Bauern und Fischern in jedem Sonntagsgottesdienst über das Evangelium gesprochen hat. Das Gespräch stand in Solentiname anstelle der Predigt. Es wurde über viele Jahre aufgezeichnet und ist uns auch in deutsch als „Evangelium der Bauern von Solentiname" zugänglich. Ein Stück aus dem Gespräch über das Magnifikat, den Lobgesang der Maria, kann trefflicher als ich zusammenfassen, warum ich sie heute wieder liebe, die Maria:

„Esperanza liest vor: ‚Meine Seele erhebt den Herrn, und mein Geist freut sich Gottes, meines Heilandes denn er hat die Niedrigkeit seiner Magd angesehen.'

Oscar: Gott ist ein Egoist, wenn er will, daß wir seine Knechte und Mägde, also seine Sklaven sein sollten. Er will unsere Unterwerfung. Ich sehe nicht ein, warum sich Maria seine Sklavin nennt. Wenn wir doch frei sein sollen . . .

Alejandro: Wir sollen Sklaven Gottes, aber nicht Sklaven der Menschen sein.

Roberto: Gott ist die Liebe. Ein Sklave der Liebe sein, heißt frei sein, denn Gott unterdrückt nicht. Die Liebe ist das einzige, von dem wir Sklaven sein sollen. Dann unterdrücken wir auch die anderen nicht.

Die Mutter von Alejandro: Sklave Gottes sein, heißt, den anderen zu dienen. Diese Sklaverei ist Befreiung.

Teresita: Man muß bedenken, daß zu jener Zeit, als Maria sich als Magd oder als Sklavin bezeichnete, die Sklaverei gang und gäbe war. Auch heute gibt es Sklaverei, aber unter einem anderen Namen. Heute sind hier die Arbeiter und Bauern die Sklaven. Ich glaube, Maria nannte sich auch darum Sklavin, um sich mit den Unterdrückten zu solidarisieren. Heute hätte sie sich vielleicht Bäuerin von Solentiname genannt.

William, Teresitas Mann: Aber sie sagt doch, sie sei eine Sklavin des Herrn, also des Befreiers, der sein Volk aus der Sklaverei in Ägypten befreit hatte. Es ist also so, als ob sie sagen würde, sie sei eine Sklavin der Befreiung. Oder, auf die heutige Zeit übertragen, sie sei eine revolutionäre Arbeiterin oder Bäuerin.

Amanda: Sie erklärt sich doch den Armen zugehörig und sagt, Gott habe ihre Niedrigkeit angesehen. Also hat Gott sie darum auserwählt, weil sie arm war. Er wählte keine Königin und keine Dame aus der guten Gesellschaft, sondern eine Frau aus dem Volk, Gott hat uns, die armen Leute, vorgezogen. Das sind die „großen Dinge", die Gott tut, wie Maria sagt. Das heißt, groß für uns, aber auch für die Reichen, weil es groß ist, daß Gott die Menschen durch die Armen befreit.

Esperanza liest: ‚Von nun an werden mich seligpreisen alle Generationen, denn er hat große Dinge an mir getan, der da mächtig ist und dessen Name heilig; seine Barmherzigkeit hat kein Ende bei denen, die an ihn glauben.'

Elisa: Sie sagt, die Leute würden sie glücklich nennen. Sie ist glücklich, weil sie die Mutter des Befreiers Jesu ist. Und sie ist auch selbst eine Befreierin wie ihr Sohn, weil sie ihn verstanden hat, weil sie sich seiner Mission nicht widersetzte. Sie setzte ihm keinen Widerstand entgegen wie andere Mütter, deren Söhne vielleicht auch zu Befreiern berufen sind, zu Befreiern ihres Volkes. Das war Marias Verdienst, meine ich.

Ernesto Cardenal: Was würde wohl Herodes gesagt haben, wenn er gewußt hätte, daß eine Frau aus dem Volk gesungen hat, Gott stoße die Mächtigen vom Thron und erhebe die Niedrigen, er fülle die Hungrigen mit Gütern und lasse die Reichen leer?

Natalie: Die muß verrückt sein.

Rosita: Die ist eine Kommunistin.

Laureano: Das würde er nicht nur gesagt haben – sie war ja auch eine Umstürzlerin. Und was würden sie hier in Nicaragua sagen, die Somozas, wenn sie uns in Solentiname zuhörten?

Mehrere: Wir seien Kommunisten.

Andrea fragt: Dieses Versprechen, daß die Armen alle diese Güter haben sollen, ist das für damals gemeint, für die Zeit, in der Maria lebte, oder soll es erst heute geschehen? Das weiß ich nämlich nicht.

Ein junger Mann: Maria sprach für die Zukunft, glaube ich, denn wir fangen ja gerade erst an, diese Befreiung zu sehen, die sie uns angekündigt hat.“

So geht es mir auch, dank Maria.

HILDEGARD ZUMACH, geboren 1926, Studium der Evangelischen Kirchenmusik in Köln, von 1949 bis 1952 Organistin, von 1969 bis 1977 Fachlehrerin für Musik, Generalsekretärin des EFD, Mitarbeit in der Evangelischen Frauenarbeit und beim Vorstand des Weltgebetstages, Vorsitzende der BAG seit 1975, Mitglied der Synode der Evangelischen Kirche Deutschlands, Mitarbeit beim Zentralausschuß „World Council of Churches Comitee Unit III, comission ‚Women's Desk'". Vorsitzende des Bayerischen Müttterdienstes. Lebt in Bergisch Gladbach.

Anders kann ich nicht mehr glauben

In der Kirche, die ich als Kind regelmäßig besuchte, weil sich das für ein Pfarrerskind so gehörte, in der ich konfirmiert und getraut worden bin, fiel mein Blick immer wieder auf den Spruch: „So bestehet nun in der Freiheit, zu der euch Christus berufen hat," (Galater 5,1). Er hat bis heute seine starke Anziehungskraft auf mich behalten. Damals schon benannte er etwas, was ich mir für mein Leben wünschte: frei zu sein. Ich habe im Elternhaus die offene Geborgenheit erlebt, in der man atmen kann, in der ich als Kind und junger Mensch mich entfalten konnte. Es bestand keine Veranlassung, nach mehr oder einer anderen Freiheit Ausschau zu halten. Den Geist Gottes habe ich als Freiheit und die Freiheit als den Geist Gottes gespürt. Es war „alles erlaubt" – das galt ganz grundsätzlich. Daß nicht alles, was erlaubt war, auch „frommte" – schon gar nicht in einem Pfarrhaus –, habe ich nie als Aufhebung dieses Grundsatzes empfunden. Die Theologie des Vaters war von Karl Barth geprägt, die pädagogischen Bemühungen der Mutter waren stark von den Neuaufbrüchen der zwanziger Jahre bestimmt. Trotzdem blieb die bürgerliche Tradition bestimmend. Die politische Haltung war durch das Barmer Bekenntnis von 1934 vorgegeben, das uns für die Bedrohung der Kirche, weniger für die Unmenschlichkeit der Hitlerdiktatur sensibilisiert hatte. (Ich war acht Jahre alt). Der Obrigkeit, die Gewalt auszuüben hatte, wurde der Gehorsam nicht verweigert. Von Emanzipation hatte ich nie etwas gehört; im Geschichtsunterricht der Schule war die Frauenbewegung unerwähnt geblieben; es führten auch keine familiären Spuren in diesen Bereich. Die Geschichte Gottes mit den Menschen war für mich eine Geschichte mit Männern: Abraham, Jakob, Hiob, Josef, der Jüngerkreis, Nikodemus. Mich störte das nicht. Besonders faszinierte mich in jungen Jahren Abraham als der „Vater des Glaubens". An seiner Geschichte habe ich verstanden, daß Glaube Bewegung, Unterwegssein, nicht festgehaltener Besitz ist. Sein Vertrauen auf Gott, der ihm den Aufbruch aus dem Vertrauten befohlen hatte, war für mich beispielhaft. Das galt für Männer und Frauen – Sarah zog mit. Nie wurde ich belehrt, Abrahams Glaube sei stark gewesen, weil er der Glaube eines Mannes war. Alles kam auf Gott an; es fiel mir nicht auf, daß es keine „Eltern im Glauben" gab. Es wurde *der Glaube* gelehrt, nicht Abrahams Glaube. So habe ich auch die Erzählungen des Neues Testamentes verstanden – als Beispielgeschichten für den Glauben schlechthin. Daran konnten sich Männer wie Frauen orientieren.

1975 fand in Nairobi die 5. Vollversammlung des Ökumenischen Rates der Kirchen statt. Das Thema war „Jesus Christus befreit und eint". Zur Vorbereitung hatten sich 1974 in Berlin 170 Frauen aus aller Welt versammelt, um über das Problem des „Sexismus" zu diskutieren. Der Begriff war neu für unsere Ohren; man erläuterte ihn uns analog zu „Rassismus" als Benachteiligung aufgrund der Zugehörigkeit zu einem Geschlecht. Es war die erste Frauenkonferenz in meinem Leben. Ich war, obwohl an der Vorbereitung beteiligt, ziemlich unsicher über das, was dort vorgesehen war. Die Frauen sprachen viel von ihrer Benachteiligung in Familie, Kirche und Gesellschaft. Sie sprachen überhaupt fast nur von sich, nicht von der Kirche, nicht direkt vom Glauben. Sie redeten von Emanzipation, aber nicht so, daß sie „über" etwas sprachen, sondern aus eigener Erfahrung und Betroffenheit. Ich fing an, zu begreifen, daß die Ebenbürtigkeit von Männern und Frauen damit zu tun hatte, daß sie alle Gottes Ebenbild sind. Dies spiegelte sich nicht wider in den Ordnungen der Kirche, schon gar nicht in denen der Gesellschaft. Ich hatte es ja selbst auch erlebt, daß überall Männer den Ton angaben: nicht, weil sie den stärkeren Glauben hatten oder vollkommenere Menschen waren, sondern nur aufgrund dessen, daß sie Männer waren. Mein Erlebnisfeld waren Kirche und Politik – zweimal war ich in diesen Jahren in einen Kirchenvorstand gewählt worden und blieb dort als Frau lange allein. Ich entdeckte, daß ich für meine Arbeit dort und auch in der Kommunalpolitik selber männliche Wertmaßstäbe anlegte. Seit der Berliner Tagung beschäftigte es mich zunehmend, daß Frauen danach fragten, was es für sie als Frauen bedeutete, an der Erlösung und Befreiung durch Christus teilzuhaben. Sie waren nicht länger

„weibliche Christen“; der Glaube konnte keine gleichsam neutrale Gestalt haben. Langsam habe ich begriffen, daß Frauen ihre Fragen auch selber stellen müssen, daß die Kirchen und die Theologie sie nicht vertreten können, solange sie nicht ebenbürtige Teilhaberinnen sind. Ich lernte verstehen, daß es gegen Gottes Gebot ist, Kirche und Welt männlicher Vorherrschaft zu überlassen. Emanzipation heißt für mich: meinen Glauben lernen, zu mir stehen, ein eigener Mensch werden, als Frau. Es gilt zu buchstabieren, was das bedeutet: in Ehe, Familie, Beruf.

In meiner Kirche ist bis heute nicht verstanden worden, daß die Emanzipation der Frau eben nicht eine Anleihe bei der Welt, modische Zeitströmung, gar mutwilliges Verlassen der bergenden Fürsorge Gottes ist. Im Auftrag der ersten Vollversammlung des Ökumenischen Rates 1948 erschien 1951 das Buch „Frauen in den Kirchen der Welt“. Dort schreibt die Herausgeberin, Dr. Kathleen Bliss, 1951: „Für fast alle Kirchen trifft es zu, daß eine große Furcht vor der modernen Frau besteht, vor ihrer inneren Unabhängigkeit und ihrem Selbstbewußtsein, das nicht nur für den Mann, sondern auch für sie selbst das Recht der Persönlichkeit in Anspruch nimmt.“

Emanzipation ist kein einfacher Weg. Immer wieder begegnet den Frauen die Angst vor dem Verlust der eigenen Identität, die so eng mit unserer festgelegten Rolle verbunden ist. Die uns vorgegebenen und definierten geschlechtsspezifischen Rollen haben unsere Identitäts- und Wertvorstellungen nachhaltig geprägt. Auch beeindrucken mich immer wieder Warnungen vor „allzuviel“ Emanzipation. (Ein bißchen? Ja! Aber nicht zuviel.) Sogar in dem Standardwerk protestantischer Enzyklopädie, in „Religion in Geschichte und Gegenwart“ (1958) wird sie als eigentlich verderblich für die Frauen betrachtet, weil sie diese „schutzlos dem Lebenswillen des Mannes“ ausliefert.

Mich hat sowohl die Vollversammlung des Ökumenischen Rates in Nairobi als auch die nachfolgende Studienarbeit über die „Gemeinschaft von Frauen und Männern in der Kirche" sehr bestärkt, auf dem Weg der Emanzipation zu bleiben. Für mich und meine Kirche ist es eine geistliche Frage, „ob die Kirche in ihrer gegenwärtigen Gestalt Repräsentanz der neuen Schöpfung Gottes in Christus" ist. (EKD-Studie „Frau in Familie, Kirche Gesellschaft"). Sinngemäß hat Ernst Lange einmal geschrieben, daß in den kirchlichen Strukturen die kindlichen religiösen Bedürfnisse institutionalisiert sind und daß diese die Väter in der Vaterrolle festhalten. Kirche braucht Frauen, die ihre Erfahrungen mit dem Glauben einbringen können, damit sie wieder Heimat wird, im Sinne vom „Zuhause-und Unterwegssein" (D. Sölle). Die Freiheit, in der ich bestehen möchte, weil Christus mich in sie berufen hat, läßt nicht zu, daß ich definiert werde durch das, was ich tue. Bei der Vollversammlung in Nairobi hat die Australierin Dorothy Mc Mahon gesagt: „Wer bin ich? Ich bin Ehefrau, Hausfrau und Mutter. Sagen meine Beziehungen zu anderen Menschen, wer ich bin? Frau meines Mannes, Mutter meiner Kinder, Tochter meiner Eltern. Reicht das wirklich aus, um mich wirklich zu definieren? Alle diese Menschen sagen nicht, wer ich bin: sie haben mit dem, was ich bin, zu tun. Ich lebe nicht durch sie, sondern mit ihnen. Sagen die Dinge, die ich tue, wer ich bin? Meine Arbeit zuhause, im Büro, in der Kirche, in der Frauenbewegung, in der politischen Partei, in der Friedensbewegung? Meine Arbeit zuhause wird so häufig dazu benutzt, um mich zu definieren, wobei die Tatsache, daß ich ein Bad saubermachen und Essen kochen kann, weniger über mich aussagt als alle anderen Dinge, die ich tue. Die Überzeugung, daß ich unabhängig von dem, was ich tue, Würde besitze, ist eine Überzeugung, zu der ich mich befreien muß und um die ich kämpfen muß – einen Kampf, der so hart ist wie kaum ein anderer. Ich gehöre einer Kultur an, die nichts so hoch schätzt wie die Leistung. Eine gute Mutter tut alles für ihren Mann und ihre Kinder. Darüberhinaus gehöre ich einer Kirche an, die die Rechtfertigung durch den Glauben predigt, gleichzeitig jedoch das Lob der Menschen, besonders der Frauen singt, die immer etwas tun. Durch die Erwartung anderer definiert zu werden, ist ein Zeichen der Unterdrückung. Dabei kann es sich um eine sehr bequeme Unterdrückung handeln; denn wenn man sie akzeptiert, gewinnt man den Beifall seiner Unterdrücker und seiner Schwestern, die die Unterdrückung akzeptieren."

Emanzipation ist nicht schon Freiheit. Sie ist eine offene Tür, die zum Gehen einlädt. Zu Schritten, welche die falschen Bindungen lösen, das „Joch der Knechtschaft" (Galater 5,1) abwerfen, der Knechtschaft der Gleichmacherei, der Anpassung und der Angst vor dem Verlust der Identität. Die Freiheit, zu der Jesus einlädt, bindet an ihn. Nur freie Menschen können dienen. Die Würde des Dienens ist beschädigt durch die Praxis der Kirche, es zu einem Frauenprivileg zu degradieren. Emanzipation heißt für mich, als erwachsene Frau Schritte meines Glaubens zu tun. Das hat seinen Preis; aber ich weiß, daß ich auf diesem Weg nicht mehr umkehren kann, ohne den Glauben zu verlieren.

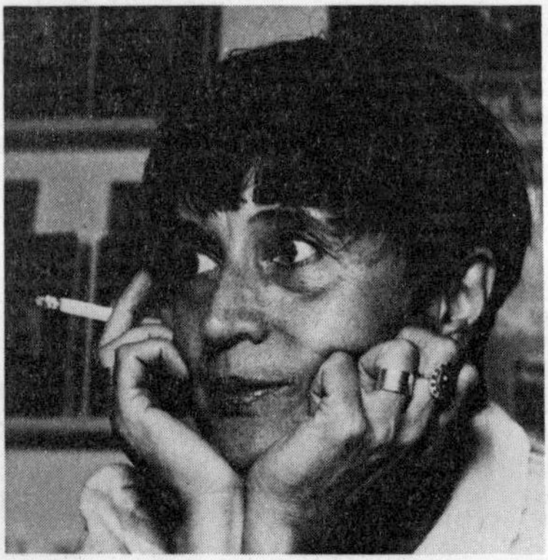

WALTRAUT SCHMITZ-BUNSE, geboren 1926. Abitur, Studium, frühe Mitarbeit im Verlag „Haus Altenberg“ bei den Zeitschriften „Wacht“ und „morgen“. Dann Mitarbeiterin bei der katholischen Wochenzeitschrift „Michael“. Verschiedene Arbeiten für den SDR, den WDR und andere Rundfunkanstalten, Essays, Glossen, Hörspiele. Seit 1958 festangestellte erste Redakteurin beim WDR, zunächst Fernsehen, Nachmittagsprogramm, später Hörfunk. Zuletzt Dramaturgin im WDR. Lebt seit dem 1. 1. 1983 als freie Schriftstellerin in Köln. Sieben Bücher, das letzte, erschienen im Radius-Verlag – Titel „Anna L., 43 oder Lust, niemandes Schlaf zu sein“.

Leider immer noch viel zu rasch verwundbar

Am liebsten wäre es mir, ich hätte eine schöne geradlinige Biographie aufzuweisen. Wie viele von frommen Eltern erzogene Kinder hatte ich den dringenden Wunsch, heilig zu werden. Meine Namenspatroninnen, Waltraud und Elisabeth, gefielen mir nicht besonders. Die „sel. Waltraud (Witwe)“, so hieß sie in meinem Heiligenbuch, schien wirklich in der Hauptsache Witwe gewesen zu sein. Sowas inspiriert ein kleines Mädchen natürlich nicht.

Der heiligen Elisabeth nahm ich es etwas übel, daß sie ihrem Mann nicht klar und deutlich gesagt hat, Brot habe ich in meinem Korb und in meinen Kleidertaschen, was fragst du noch lange? Kannst du nicht selber sehen, daß die Leute Hunger haben? Daß der Himmel eigens Rosen herbeizauberte, um ihre Lüge zu decken, gefiel mir nicht. Das heißt, es war weniger die zuvorkommende Freundlichkeit des Himmels, die mich störte, als Elisabeths offenkundige Angst vor ihrem Ehegemahl. Dem hätte ich es aber gegeben!

Also nahm ich mir ein anderes Vorbild, die spanische Teresia, die schon als Kind wegrannte, um Heiden zu bekehren oder Jerusalem zu retten. Auch zu mir sagten sie oft: Besser, du wärest ein Junge geworden, und kannst Du nicht wenigstens auf deine Sonntagsstrümpfe achten? Zu meinem Bruder sagten sie das nicht, das erboste mich. Das ist alles fünfzig Jahre her, und ich will meinen meistens freundlichen Eltern nicht vorwerfen, daß sie in vieler Hinsicht von der Gleichberechtigung der Geschlechter nichts ahnten. Sie handelten aber gleichberechtigt; das lag daran, daß meine Mutter eine starke Frau war und mein Vater ein begabter, sensibler Mann, der leider oft die Kontrolle über sich verlor. Doch für die Erziehung hielten sie sich, wie die meisten Eltern, nicht daran, ausführlich Notiz von Charakter und Veranlagung eines Kindes zu nehmen und sich danach zu richten – sie hielten sich an das Althergebrachte. So übersahen sie meine unbezweifelbare Sehnsucht nach großen und aufsehenerregenden Taten und ließen mich stattdessen Unkraut zupfen oder Bohnen entfäden. Von christlicher Demut hatte ich gewiß auch oft gehört, und weil ich immer noch den Wunsch hatte, heilig zu werden, lernte ich, zwischen Demut und Aufsässigkeit hin- und hergerissen, ganz gut das, was man damals „den Haushalt können" nannte. In der Schule kam ich groß raus. Ich schrieb sehr schöne Aufsätze, sogar bereits auf die Schiefertafel. Einmal bekam ich zehn Pfennig für eine besonders gute Zensur und, was wichtiger war, ein so seltenes, sanftes Streicheln über mein Gesicht. Auch von Zärtlichkeiten hielten meine Eltern nicht viel. Schade, es hätte mir das Leben leichter gemacht; doch ich bin davon überzeugt, daß sie sich um Zärtlichkeit bemüht hätten, wenn in der Kirche jemals davon die Rede gewesen wäre. Denn sie waren gute Katholiken. Ich glaube, diese Bezeichnung ist auch heute noch klar und deutlich. Als mein Vater Scherereien bekam wegen seiner Zugehörigkeit zu einer sozial engagierten Gruppe im „Zentrum", mußte er seine Firma verlassen und machte sich selbständig. Um diese Zeit begann sein Ärger mit der Kirche. Er wußte, daß keineswegs der gesamte deutsche Episkopat gegen Hitler, den Verbrecher, aufgestanden war. Einmal mußte ich eine Kirchenzeitung zurück ins Pfarrhaus bringen, einen Brief meines Vaters dazu. Ich hatte spitzbekommen, daß ein Nazipriester in der Kirchenzeitung einen Artikel geschrieben hatte und verstand nicht, wie so etwas möglich war. Mein Vater verstand es auch nicht.

Die Kindheit ist wichtig, wenn man sich erinnern soll, wenn man versucht, einigermaßen ehrlich über Themen wie Kirche, noch wichtiger: Glauben, im Zusammenhang des eigenen Lebens zu reflektieren. So bin ich ziemlich sicher, daß mein lieber Vater – Anlage oder Erziehung – oder Beispiel – mir diesen Zorn vermacht hat: Den Zorn auf die Unvollkommenheit der Christen, vor allem – so war man ja erzogen – auf die heiligen Vorbilder, die Priester und Bischöfe. Die dann doch ziemlich oft keine waren. In meiner etwas engstirnigen, aber liebevollen höheren Mädchenschule, von Nonnen geleitet, hatte ich das schöne Lied gelernt „ein Priesterherz ist Jesu Herz". Und wenn das so war, wollte ich zunächst in jedem Priester den lieben Jesus, von dem mein Vater gerührt und rührend erzählt hatte, erblicken.

Zu dumm! Ein Mädchen mit hohen Zielen, ein etwas wildes Mädchen, immer bereit, sich in einem edlen Zweikampf mit einem Jungen zu messen – geriet dann ausgerechnet frühzeitig, ehe etwas Reife erwartet werden konnte, in eine katholische Organisation.

Aber das war zunächst nichts als großartig. Als sehr junge Redakteurin, mit genau einundzwanzig Jahren, wurde ich für die Neuauflage der Zeitung „Wacht" angestellt, von zwei für mein Empfinden damals schon sehr alten Priestern, den Prälaten Wolker und Hermann Klens. Ich fand deren Entscheidung, mich anzustellen, sehr richtig. Erst später habe ich mit Staunen darüber nachgedacht, warum sie es getan hatten. Nur auf einige nette Artikel von mir hin? Das glaube ich nicht. Sie hatten Menschenkenntnis, Güte und besaßen in großem Maße Souveränität. Jedenfalls, da war ich nun und schrieb mit meinen Kollegen drauflos, voller Inbrunst, erfüllt von heiligem, manchmal nur vergnügtem Eifer; dazu ausersehen, die katholische Kirche, mindestens deren Jugend, auf völlig neue Wege zu führen. An die Hecken und Zäune wollten wir gehen, ein für allemal den Krieg aus der Welt schaffen, Vorurteile bekämpfen und so weiter. Hin und wieder, dann mehr und mehr, wurden wir darauf aufmerksam gemacht, daß wir ja ein Presseorgan mit einem bestimmten Zweck waren. Die WACHT war das Sprachrohr des Dachverbandes aller katholischen Jugendverbände in Westdeutschland. Ich persönlich hatte eigentlich nichts weiter dagegen. Ich war so fest davon überzeugt, daß wir unsere Aufgabe bestens erfüllten. Andere waren das nicht. Sogar Bischöfe zeigten sich besorgt über eine katholische Jugendzeitung, die recht salopp moralische Fragen von weittragender Bedeutung behandelte. Wegen eines kleinen Artikelchens mußte der arme Kaplan, der zur Redaktion gehörte, zu jenem Bischof eilen, dem das katholische Pressewesen am Herzen zu liegen hatte. Der Artikel stammte von mir, und es ging darum, daß der Spruch „der erste Kuß gehört der Mutter deiner Kinder“ von mir lächerlich gemacht wurde. Ich hatte gedacht, alle würden mit mir über diese damals noch recht oft gehörte Devise lachen. Ich hatte mich sehr vertan. Ich vertat mich ziemlich oft, etwa mit meiner Ansicht, daß Hosentragen nichts mit Moraltheologie zu tun hätte, sondern mit dem Hüftumfang der Hosenträgerinnen. Einige fanden mich erfrischend und sagten das auch. Ich wollte nicht erfrischend sein, sondern einfach nur einiges richtigstellen. Bei dem Gedanken, daß „der erste Kuß der Mutter meiner Kinder“ gelten sollte, hatte ich mich empört. Man wird schon mal geküßt, von dummen Jungen, die nicht begreifen, daß man über Gott und die Welt mit ihnen reden möchte, von einem eingebildeten jungen Mann, der einem Mathematik beibringen sollte – von denen will man doch nicht gleich Kinder haben! Und mit den Hosen: Arme kleine Kinderchen hätten doch dann nicht mehr den mütterlichen Schürzenzipfel, an den sie sich mehrere Male am Tage klammern konnten. Argumentierte ein Pfarrer, – da erinnere ich mich noch genau. Nun, ich hatte inzwischen bereits zwei Kinder, und sie waren sehr wohl imstande, sich an eine lange Hose zu klammern, wenn ich die trug.

Es ging sachte bergab mit meiner Tätigkeit für die Kirche, beziehungsweise für die Zeitung, die ich sehr liebte. Eine ganze Versammlung von Jugendseelsorgern hatte beschlossen, daß ich verdächtig sei, zu liberal, zu großstädtisch (ich war noch kaum aus meiner heimatlichen Kleinstadt herausgekommen), und eine Erzählung, die ich für eine andere katholische Zeitung geschrieben hatte, könne nicht so plastisch sein, wenn dahinter kein „Erleben“ stünde. Es ging bei der Erzählung um eine Abtreibung und darum, wie schrecklich eine Frau darunter litt, und das Ungeborene hatte doch auch den Tod nicht verdient. Nun, es wurde Zeit für mich, meine Sturm- und Dranggefühle zu überprüfen. Als die Leitung der katholischen Jugend, gewiß demokratisch, sich mit der Remilitarisierung der jungen Bundesrepublik solidarisierte, ging ich weg, fristlos.

Es muß dieser Schritt gewesen sein, der mich als Linkskatholikin auswies. So war ich eine „Linke“, ohne zu ahnen, was das eigentlich bedeuten sollte. Ich erinnere mich daran, einen Kirchenmann danach gefragt zu haben. Er schwieg beredt. Abgesehen von vielen gar nicht jesusähnlichen Reaktionen von Priestern und immens katholischen Laien war es das beredte Schweigen, was mich zunächst verzweifelt und wütend machte, mich dann allmählich dazu brachte, mich zu überprüfen. Stimmte etwas nicht mit meinem Glauben? Soviel ich sah, war alles in Ordnung. Es mochte eine kindliche Art zu glauben sein, immer und überall an das Gesetz der Liebe zu glauben. Doch war die Liebe nicht das größte Gebot, nach Paulus? Hatte ich Zweifel? Nein, ich konnte jene Zweifler nicht besonders gut leiden, die sagten, auch der Zweifel sei eine Gabe des Heiligen Geistes. Wieso? Ich glaubte fest, daß man den Heiligen Geist um all das bitten muß, was in den alten Pfingstbitten enthalten ist: also, „wasche, was beflecket ist, heile, was verwundet ist, tränke, was da dürre steht, lenke, was da irre geht.“ Und so weiter. Die Gabe der Erkenntnis und Liebe, um die mußte ich sicherlich bitten, denn ich war oft zornig, und ich konnte gewisse Mitchristen nicht besonders gut leiden. Ich verstand auch nicht, warum eine Frau, erst recht nicht, warum junge Mädchen so übermäßig gesittet gekleidet sein sollten. Um die von bösen Lüsten heimgesuchten jungen und älteren Männer vor Schäden – moralischer Natur – zu bewahren, wurde mir mit großem Ernst gesagt. Nun überprüfte ich die Moraltheologie, lernte eine Menge, fand sehr vieles nicht zum Aushalten und ging in die Welt. Beziehungsweise nahm eine Stellung beim Fernsehen an, stolz darauf, daß meine Bewerbung Glück gehabt hatte. Stolz auch auf mich, – schließlich hatte ich mit knapp dreißig Jahren eine Menge geschrieben. Nicht alles für die Ewigkeit, aber das war auch nicht meine Absicht. Für „heute" wollte ich schreiben, für Kinder, für Frauen, die sich ins Bockshorn jagen ließen von einer Moraltheologie, die Alphons von Liguori ähnlich sah. Aber nicht dem Herrn, nicht dem Gottesbruder, dem fleischgewordenen Wort Gottes.

Manchmal weinte ich bei meinem Mann darüber, daß ich nach wie vor offenbar für so etwas wie eine öffentliche Sünderin gehalten wurde. Denn verleumdet worden bin ich ziemlich oft. Ich war noch keine sechs Wochen dabei, mühsam meine Arbeit beim Fernsehen zu erlernen und sie gleichzeitig zu tun, da hieß es in einer großen Tageszeitung, ich sei ein typisches Beispiel für den Kölner „Rotfunk". Mein Mann war empört und fragte einen befreundeten Anwalt, ob er in meiner Sache Klage führen wollte gegen diese unwahre Behauptung. Der Anwalt schwieg beredt, deutete nur an, daß er schließlich Mitglied einer christlichen Partei sei. Das waren wir auch, mein Mann und ich. Außerdem waren wir Parteigänger des Christentums. Das glaubte uns niemand. Wir waren eine Weile mit unseren Kindern ziemlich allein, bis sich ein Kreis von Freunden zusammentat, längst ehe es den „Bensberger Kreis" gab. Wir diskutierten, trösteten uns auch, hielten es für richtig, Leuten, die dringend etwas oder mehr Geld brauchten, zu helfen. Heute ist mir klar, daß ich mit diesen Freunden endlich einmal gefunden hatte, wovon ich sehr viel gehört hatte. Gemeindegefühl: Ja gut, in der Zeit bei der „Wacht“ war es auch dagewesen – diese Freude an der gemeinsamen Arbeit, die Vertrautheit miteinander, das eher verschwiegene Gefühl, in „seinem“ Namen miteinander zu sein.

Ich hörte den beiden wichtigen und prominenten Leuten in diesem Kreis zu, sie waren älter als ich, zehn, fünfzehn Jahre, – trotzdem hatten sie Schwung, wußten genau, wo die Probleme der Kirche lagen. Hatten nicht nur ein wenig Ahnung von Politik, wie ich, sondern waren vorzüglich informiert und wußten, gegen was oder für was man aus welchen Gründen sein sollte. Statisch waren sie gar nicht. Sie waren sehr beweglich und konnten auch lachen. Es war nicht mehr wichtig, daß ich nur eine Frau war. Ich verdanke diesen klugen, streitbaren und frommen Menschen sehr viel.

Leider spielte es fast immer eine Rolle, ob man Frau war oder Mann, damals, in den ausgehenden fünfziger Jahren. Nicht, als ob ich mit Ende zwanzig noch eine Jungenrolle herbeisehnte. Die Hintergründe für manchen individuellen und demnach auch gesellschaftlichen Konflikt begann ich gerade auszuforschen. Ich las die großen Psychoanalytiker. Vor allem Freud. Im Beruf war es wichtig, furchtbar tüchtig zu sein, tüchtiger als die Männer. In der Kirche mußte man dauernd, sogar dann, wenn man von kirchlichen Organisationen zu einem Vortrag eingeladen war, seine anständige, christlich geregelte Frauenrolle mindestens andeuten. Mit Beschämung gestehe ich, daß ich auf viele dumme Fragen, nicht nur von geistlichen Männern gestellt, auf die Tatsache hingewiesen habe, daß ich „schließlich drei Kinder“ habe. Die armen Kinder! Kinder sind kein Befähigungsnachweis, um eine engagierte, immer noch schwungvolle Arbeit für katholische Wochenendseminare zu leisten. Als ich mich genug geschämt hatte, unterließ ich jeden Hinweis auf diese drei mir so nahestehenden kleinen Menschen. War die Behandlung alleinstehender weiblicher Personen kirchlicherseits etwa netter geregelt? Nein – damals noch nicht. Das lernte ich bei meiner Arbeit für eine Zeitschrift, die sich an berufstätige Frauen wandte, vor allem an die alleinstehenden unter ihnen. Jungfrau und Mutter – das waren die weiblichen Formen, die von der Männerkirche akzeptiert wurden. Und man dürfte doch allmählich wissen, daß nicht alle alleinstehenden berufstätigen katholischen Frauen Jungfrauen waren. Es gab geschiedene Frauen, es gab Witwen, es gab katholische Frauen, unverheiratet, mit Kind. Oder katholische Junggesellinnen, die nicht umhin gekonnt hatten, ein „Verhältnis" zu haben. Warum sagte denn niemand, daß Liebe zu einem „Verhältnis" führen kann? Nicht nur niedrige, sinnliche Begierde? Und was war das überhaupt, sinnliche Begierde? War sie niedrig? Das alles mögen keine Glaubensfragen sein. Nur, das weiß ich aus vielen Gesprächen und von mir selbst, solche Fragen konnten, wenn man nicht aufpaßte, einen Menschen in seinem Glauben erschüttern oder doch gehörig beunruhigen. Es ist kein Trost, daß die Welt, oder wie man schon lange sagt: „die Gesellschaft", mit Frauen auch nicht zimperlich umgeht. Die Kirche müßte lernen, den Frauen zuzuhören, nicht nur bei der Beichte oder den Alibifrauen bei Katholikentagen. Nichts gegen die tapferen Frauen, die sich in den verschiedensten Verbänden mühen und die Sache der Frauen in der Kirche verbessert haben – nur, ist da eigentlich wirklich genug passiert? Ich meine, haben die Männer der Kirche endlich begriffen, daß Frauen, auch wenn sie ein Patent als Jungfrau oder Mutter nicht nachweisen können, ebenbürtige Geschöpfe Gottes sind, daß ihre Art zu denken und zu handeln und zu glauben eine Kraft darstellt, um die sich zumindest die Kirche als Organisation noch nicht gekümmert hat? Kann sich die Kirche das leisten, auf die besondere Kraft, die Intelligenz, auf das Gemüt der Frauen zu verzichten? Es ist nicht damit getan, ein paar Passagen aus dem Kirchenrecht, teils römisch, teils vom alten Synagogengeist beeinflußt, zu ändern. Ich begeistere mich nicht für das Priestertum der Frau. Ich schwärme nämlich überhaupt nicht für ein Priestertum, das die Kirche in solche einteilt, die per definitionem die wahre Gottesliebe haben, und andere, die sich abmühen, die gehorchen sollen und das immer noch vorwiegend tun. Ich übertreibe nicht. Die Enzyklika des gewiß frommen Papstes Paul VI. beginnt damit, daß der Zölibat und das Priestertum das kostbarste Juwel der Kirche sind. Die jungen katholischen Feministinnen tun gut daran, sich kritisch mit dem Priestertum auseinanderzusetzen. Ich sage nicht, höchste Zeit, daß man es abschafft, doch ich meine, es ist höchste Zeit, es als das Amt der Diener Jesu Christi zu verstehen. Als ein spezielles Amt neben anderen speziellen Ämtern. Oder besser: Aufgaben.

Es ist noch keine zwanzig Jahre her, da hatten sich Äbtissinnen in der Konferenz der Äbte durch einen Mann vertreten zu lassen. Das christliche Vor-Urteil gegen Frauen ist alt, hat so primitive Tradition, und darum ist es schwer zu zerstreuen.

Ich habe bislang zu wenig vom Glauben gesprochen. In den letzten Jahren bin ich gelegentlich – und manchmal anhaltend – sehr müde im Glauben geworden. Weil sich sehr viel verändert hat. Weil ich jung war, als mein Mann starb. Weil ich zuviel gearbeitet habe und gewiß manchmal übertrieben gekämpft auf der großen Wiese der streitenden Kirche. Die Spielregeln waren nicht immer fair. Nein. Jetzt, da ich mehr Zeit habe, kommt die Traurigkeit. Bin ich denn ein gläubiger Mensch? Habe ich mich auf die richtige Weise um meine Seele gekümmert? Wahrscheinlich nicht. Immer noch bin ich sehr rasch dabei, andere zu trösten, viele junge Leute, – sie sind nicht immer katholisch oder wenigstens christlich. Traurig sind sie trotzdem. Für die bei den Christen endlich wachsende Friedensbewegung bin ich dankbar. Gut. Nur, das kommt so spät!

Was bleibt einem Menschen, der sich langsam aber sicher der beruflichen Altersgrenze für Frauen nähert, der müde ist, aber leider immer noch viel zu rasch verwundbar? Ich habe nicht die richtige Schutzvorrichtung für mich gefunden. Da sind einige Freunde. Die habe ich lieb. Da sind die Nächsten, die einem so über den Weg laufen. Und ich habe sie wenigstens für die Zeit der Begegnung lieb. Manchmal gelingt es mir, Menschen direkt zu helfen. Sehr oft nicht. Nein, es ist kein Aktivismus, der mich antreibt. Es ist der Wunsch, etwas heil zu machen, wenigstens einen Tag zu retten. Denn ich fürchte mich, wie viele, vor einer Zukunft, die vom Wahnsinn atomarer Aufrüstung geplant ist. Vor dem Tod fürchte ich mich nicht. Ich glaube an die frohe und schwere Botschaft Gottes, an Jesus. Ich hoffe, daß ich an ihn denken kann, daß er mir nahe ist, wenn ich sterbe. Ich glaube an die Auferstehung des Sohnes Gottes, unseres Bruders. Manchmal versuche ich, andere damit zu trösten, mit meinem Glauben, der nichts anderes ist, als eine von mir nicht restlos durchschaute, aber erlebte Geschichte einer großen Liebe. Sie hat mich nicht vollkommen oder heilig gemacht. Aber es ist wohl Gnade, daß ein Mensch im Ernst, in Trauer, in Angst und in jeder Freude keine Mühe hat zu glauben: Gott allein genügt.

TISA VON DER SCHULENBURG, 1903 in Mecklenburg als Generalstochter geboren, lebt nach langen Jahren künstlerischer Arbeit und journalistischer Tätigkeit als Ordensfrau, Schwester Paula, bei den Ursulinnen in Dorsten, Westfalen. Ihre Lebensbeschreibung erschien unter dem Titel „Ich hab's gewagt. Bildhauerin und Ordensfrau – ein unkonventionelles Leben" 1981 als Herder-Taschenbuch.

Mir ist das Leben neu geschenkt worden

Mit 21 Jahren, 1925, habe ich alles über Bord geworfen, was mich bis dahin gehalten und geleitet hatte. Meinen evangelischen Glauben, Tradition, Sitten. Ich begann mein Kunststudium in Berlin. Religion wurde in den Kreisen, die ich kennenlernte, nicht erwähnt. Ich verfiel dem hemmungslosen Drang, mich auszuleben. Ich wollte „frei" sein. Dieses Freisein hieß, meinen Trieben folgen. Männer. Wie ein Blinder taumelte ich dahin. Anstatt frei zu sein, wurde ich immer abhängiger von der Begierlichkeit. Die vermeintliche Freiheit wurde zur Sklaverei. Eitelkeit und Selbstherrlichkeit hielten mich umklammert.

Nach vielen Affären begann ich eine glückliche Ehe. Konnte sie mich halten und heilen? Meine selbstsüchtige Verliebtheit hielt ich für die große Liebe. Diese Ehe mit einem Juden hatte ich meinen Eltern abgetrotzt. Meinetwegen hatte mein Mann sich scheiden lassen. Ich war bald darauf aus der Kirche ausgetreten. Wozu brauchte ich eine Kirche? Vom Glauben war ich abgefallen. Der Bibel mochte ich nicht wortwörtlich glauben. Von Jesus Christus hatte ich mich abgewandt. Ich kam mit seinen Forderungen nicht zurecht. Ich wollte nicht auf ihn hören. Verlangte er nicht zuviel? Ich betete nicht. Jahrelang nicht. Die Bibel freilich, die ich zum Teil ablehnte, nahm ich auf jede Reise mit. Wie eine Art Reiseapotheke. Vielleicht würde ich sie doch einmal brauchen. Kam denn kein Anruf? Hat Gott nicht gerufen? Er hat. Doch ich habe nicht auf ihn gehört.

Das ging bis zum Jahr 1933 so hin. Im Februar 1933 gingen wir in eine der großen Reinhardt-Aufführungen, wohl die letzte, die gezeigt wurde. Das Große Welttheater von Hofmannsthal. Da traf es mich wie ein Schlag. Der „Engel“ im Stück sang etwas nach der Melodie eines Kirchenliedes. Die lang vergessenen Worte standen vor mir auf und bedrängten mich. Der Wortlaut: „Mache dich, mein Geist, bereit, wache, fleh und bete, daß dich nicht die böse Zeit unverhofft betrete.“ Es ging mir durch und durch. Als ob man mir gesagt hätte, daß die Zeit entsetzlich böse werden würde. Das Kirchenlied lautet weiter: „. . . denn es ist, Satans List, über alle Frommen, zur Versuchung kommen.“ Es war für mich wie ein Menetekel.

Die „Böse Zeit“ kam. Über Nacht. Die ersten Freunde flohen, die ersten Bekannten wurden ermordet, persönliche Anpöbelungen begannen. Es war wie ein Nachtmar des Grauens. Ich hörte die Worte: „Wache, fleh und bete!“ Ich erwachte nicht, flehte nicht, betete nicht. In all dem Entsetzen, das dann folgte, das so viele Freunde ergriff und verschlang, in der Bedrückung der Auswanderung nach England, in der Trennung von den Eltern, ich erwachte nicht.

Ich dachte in all den Jahren nicht daran, in einen Gottesdienst zu gehen. Ich geriet bei einem Besuch in Deutschland in eine Kirche, in der Niemöller predigte. Sein Bekennermut beeindruckte mich, doch ich blieb lau. Immer noch war ich von der panischen Vorstellung besessen, daß ich die Bibel benötigen würde. So las ich sie mit blinden Augen, mit hartem Herzen. Stolz und Hochmut blieben ungebrochen. Ich ließ mich wieder treiben. Es kam nach zehn Jahren Ehe zur Scheidung. Die Mahnung „Wache, fleh und bete!" verließ mich nicht. Ich hörte nicht darauf. Spürbar kroch 1939 der Krieg auf uns zu. Mein Leben war immer mehr verdunkelt. Ich bekehrte mich nicht. In mir war eine wilde Eigensucht, eine Triebhaftigkeit, der ich hilflos gegenüberstand. Mich hielt die geschlechtliche Verfallenheit gefangen wie eine tödliche Krankheit. Es half kein Vorsatz, kein Wollen, nichts. Keine Analyse. Keine Aussprache. Kein Einsatz. Keine Arbeit. Ich erkannte nicht, daß erst der Aufschrei, die Umkehr zu Gott, erfolgen müsse. Hier war der Schlamm, die Grube, das Netz, von dem die Psalmen sprechen. Ich war unglücklich, unruhig, das war alles. Dazu bedrängte mich die Sorge um meine Eltern. Mein Vater war todkrank. Es kamen Briefe meiner Mutter, mit zitternder Hand nach einem schweren Schlaganfall geschrieben: wann kommst du? Die Rufe wiederholten sich. Mein Paß war nicht in Ordnung, ich konnte nicht fahren und ich hatte „Angst". Vielleicht war den Nazis bekannt, daß ich im Vorstand einer antifaschistischen Vereinigung war. Es war ein Wettlauf mit dem Tod. Das Beten habe ich nicht gelernt, wohl aber das Weinen. Ostern 1939 machte ich eine Wanderung um Cornwall in

England. Allein in der Einsamkeit dieser Meer- und Kliffwelt. Danach verbrachte ich eine Nacht im Haus von Bekannten, von Quäkern. Das Haus trug den schönen Namen „White nights“. Und es war so eine schöne stille Mainacht mit blühenden Kirschbäumen im Garten und hellem Mondschein.

Mich aber hatte eine beklemmende Scham überfallen. Entsetzen, Grausen, Not. Wozu sollte ich weiterleben? Wozu die Qual? Konnte ich dem nicht ein Ende machen? Ich stand auf dem Balkon des Hauses. Plötzlich wußte ich, wie dumm diese Versuchung zum Tode war. Ich ging in das Zimmer zurück, kniete hin und versuchte zu beten. Das Vaterunser. Da waren die Worte halb vergessen. Ich mußte sie suchen, mich besinnen. Das erste wirkliche Gebet seit 12 Jahren! Danach war alle Spannung gelöst, das Entsetzen war gewichen, ich schlief ruhig ein.

Später dachte ich, ob wohl die Gastgeber für mich gebetet hatten? Als ich nach London zurückkam, erhielt ich meinen Paß und flog am gleichen Tag nach Deutschland. Ich fand beide Eltern noch am Leben. Es war, als ob mein Vater mit dem Sterben gewartet hätte. Wir konnten uns nach langer Entfremdung aussöhnen. Zwei Tage später starb mein Vater. Bei meiner Rückkehr im Juni 1939 verweigerten mir die englischen Behörden die Einreise in Croydon. Mein Vater hatte kurz zuvor ein Staatsbegräbnis erhalten. Das war verdächtig. Ich wußte nicht wohin. Meine Mutter starb kurz vor dem Kriegsausbruch. Am Tag danach heiratete ich einen Jugendfreund in der Sehnsucht nach Schutz und Geborgenheit. Ich bildete mir ein, ich hätte nun zum Glauben zurückgefunden. Hatte ich nicht das Gebot erfüllt: Du sollst Vater und Mutter ehren . . .? Ich ging in die Kirche, ich las die Bibel, ich lernte viele Psalmen auswendig. Die Psalmen wollte ich als „Gepäck für das KZ“ haben. Vom KZ blieb ich verschont, die Psalmen wurden in den Jahren meine Stütze. Mein Bruder Fritzi hatte mich eingeweiht: es würde ein Attentat geben. Hitler müsse sterben. Von dieser Hoffnung und vom Haß auf den Nationalsozialismus wurde ich getragen.

Die Bedrückung während der Kriegsjahre wuchs. Ich kam nur nachts zur Besinnung. Am Tag war der große Gutsbetrieb zu leiten, am Tag fand ich keine Ruhe. In der Nacht versuchte ich, das Vaterunser zu beten, in Französisch, Englisch, Deutsch, voller Trauer darüber, daß wir uns alle bekämpften. Aber ich kam von der Politik nicht frei. Jede Nacht hörte ich den englischen Sender. Nach dem Scheitern des Attentats am 20. Juli 1944, nach der Hinrichtung meines Bruders fand ich Kraft und Stärke in den Psalmen. Dann aber begann die Verzweiflung sich breit zu machen. Der Haß wuchs, der Haß aber führte von Gott fort. Ich verfiel einer Haltlosigkeit sondergleichen. Das Ende des Krieges brachte mir weder Ruhe noch Frieden. Sah ich zurück, sah ich die Leichenberge dieses entsetzlichen Krieges und der noch entsetzlicheren Vernichtungslager. Nicht nur ich, unser Volk, unsere ganze Kultur waren gescheitert. Wir waren alle zum Nachdenken aufgerufen. Für mich gab es genug zum Nachdenken. Die Heimat verloren, die Familie tot, die Freunde zerstreut, die Ehe zerbrochen. 1946 wurde ich geschieden. Ich dachte nun gemäß dem Lutherwort, ich hätte die Gnade verscherzt. Noch stand ich unter dem Schock über die Hinrichtung meines Bruders Fritzi. Sein Tod ließ mir keine Ruhe. Er war Anruf und Mahnung. Wie lebte ich? Wozu lebte ich? Wollte ich mich weiter dahintreiben lassen? Ich war schuld am Scheitern zweier Ehen. Ich suchte die Vergebung dieser Schuld, ich suchte Reue und Erlösung. Ich sehnte mich nach Halt. Ich sehnte mich nach Gott. Mich bedrückte mein ganzes bisheriges Leben, das auf der Suche nach Befriedigung aufgebaut war. Es gelang mir nicht, die geschlechtliche Hemmungslosigkeit zu überwinden.

„Wollen habe ich wohl, aber das Vollbringen des Guten finde ich nicht“, sagt Paulus im Römerbrief.

Im Winter 1947/48 war ich als Journalist für eine Hamburger Zeitung im Ruhrgebiet tätig. Unvorstellbar die Verwüstung der Städte. Gespenstische Ruinen überall, wie ein Abbild unserer inneren Verlorenheit. Gesundbeter, Wunderheiler, Wahrsager hatten ihre große Zeit. Viele suchten nach einem Halt. War er im Kommunismus, war er in Gott zu finden? Es war für mich wie eine Pilgerfahrt durch die Finsternis. Wöchentlich mehrere Grubenfahrten. Hinunter in eine dunkle Welt. Ebenso viel Dunkel übertage, wörtlich und bildlich. Die Elektrischen krochen durch die Trümmer der Ruhrstädte. Stunden um Stunden starrte ich nach draußen, von der einen Frage getrieben: Wo bist Du, Gott? Bist Du in der Kirche lebendig?

Schon im Krieg hatten mich die Predigten vom Bischof von Münster, Clemens August Graf von Galen, aufgewühlt. Nun las ich Bücher über ihn. Es hatte im katholischen Münsterland unter seinem Einfluß Widerstand gegen den Nationalsozialismus gegeben. Voller Sehnsucht fragte ich mich: Warum gehörst du nicht dazu? Zur katholischen Kirche? Nach einer quälend langen Bahnfahrt von Essen nach Hamburg mußte ich in Hamburg kampieren, im Sanitätszimmer der Zeitung auf einem alten Wachstuchsofa. Es war eine der geheimnisvollen Nächte zwischen Weihnachten und Neujahr. Da überfiel mich ein Traum. Ich sah im dunklen Raum schwebend eine gotische Kirche von reiner Schönheit in leuchtend bräunlichem Stein. Sie war ohne Dach. Von innen war sie von einem strahlenden Glanz erfüllt, er brach durch die Fenster, er leuchtete hoch über dem Kichenschiff. Ich dachte noch im Traum, da kann ich nicht hineinsehen, da kann ich nur noch niederfallen und anbeten. Ich fiel weinend in die Knie. Ich dachte, Gott hat mir seinen unerträglich schönen Glanz gezeigt, für mich ist er in der Kirche lebendig. Doch ich kannte die katholische Kirche gar nicht, ich ging nicht hin und handelte nach dem Traum. Ich hatte mich ganz in den Gedanken verrannt, daß ich nach England zurück wollte. Fort aus dem Gräberfeld Deutschland. Zurück zu den englischen Freunden und den sozialen Aufgaben in Co. Durham, dem englischen Bergarbeitergebiet. Der Paß wurde mir von den englischen Behörden verweigert. Ich war verzweifelt. Ich sah keinen Ausweg. Alle Hoffnungen und Wünsche hatte ich auf England gerichtet. Daß mein Wille so durchkreuzt wurde, bewirkte einen völligen Zusammenbruch. Nun, wußte ich, gab es für mich nur noch Gott. Nun fand ich zum Gebet. „Aus der Tiefe rufe ich, Herr, zu Dir . . .“ Nun erst betete ich.

Aber plötzlich sah ich vor mir mein ganzes verfehltes Leben, meine Selbstsucht, meine Schuld. So kam es zur Wende, zur eigentlichen „Umkehr“. Das Gebet von Pascal „Zum rechten Gebrauch der Krankheit“ kam mir zu Hilfe. Ich hatte es abgewandelt: Ich dankte Gott für die Prüfung und bat ihn, mich wissen zu lassen, was ER mir dadurch zeigen wolle. Dann wußte ich es. Jesus Christus war mein Herr. Ihm wollte ich nachfolgen. Ihm angehören. Hatte ich bis dahin mich immer von Ihm abgewandt, nun wollte ich mich Ihm ganz hingeben. Alles wollte ich daran setzen. Tage verbrachte ich ausschließlich in Tränen und Gebet in meinem kleinen Wohnwagen. Tränen der Erschütterung, der Reue. Nun endlich konnte ich Gott alles sagen, ihn um Vergebung bitten, mein Herz vor ihm ausschütten. Nun konnte ich loben und danken. Nun war die Stunde gekommen, für die ich Jahr um Jahr die Bibel nicht von mir gelassen hatte, nun stand sie mir bei. Nun wurde der Taufspruch, an dem ich mich immer noch festgehalten hatte,

Wirklichkeit: „Mit ewiger Liebe will ich mich dein erbarmen.“ Die Psalmen wurden das Rüstzeug, das ich benötigte, ich trug sie in mir, sie kamen wie von selbst auf meine Lippen. Wann auch immer die Verzweiflung nach mir greifen wollte, lobend, preisend, dankend war ich in Sicherheit. Ich war in Gottes Schutz. Das „Ich“, das plant und rechnet, war vorerst in diesen Tagen gestorben.

Dann aber kam wieder die Frage hoch: Warum wirst du nicht katholisch? Da ich vom Katholizismus als Lehre nichts wußte, hielt ich mich für verrückt. Ich versuchte mich zu verspotten. Die Frage bedrängte mich unaufhörlich. So beschloß ich, einen Tag ganz normal zu leben, um Abstand zu gewinnen. Ich bat um die Kraft der Entscheidung.

Normal leben: ich machte einen weiten Ausflug an einen der holsteinischen Seen. Dort ging ich schwimmen und hatte einen Unfall. Ich hatte mich mit Wucht auf einen Pfahl geworfen, der im Wasser verborgen war. Es war eine schwere, schmerzhafte Prellung in der Lende – um die Breite eines Zentimeters war ich davor bewahrt worden, mich zu pfählen. Trotz Schmerzen und Fieber war ich selig – ich war bewahrt worden. Ich sah hierin Antwort und Zeichen. Mein Leben war mir neu geschenkt.

Am Abend dieses Tages humpelte ich zum katholischen Kaplan im Dorf, von dessen Existenz ich am Morgen noch nichts gewußt hatte. Ich bat um Aufnahme in die katholische Kirche. Von dem Augenblick an fühlte ich mich frei. Mich erfüllte eine große Freude. Adam, Das Wesen des Katholizismus, war das erste Buch, das ich las. Es nahm mir Ängste und Vorurteile. Die triumphierende, leidende, streitende Kirche – das Bild der Kirche – stand vor mir in seiner ganzen Weite. Staunend lernte ich, daß diese Kirche, die ich für tot gehalten hatte, von einem glühenden inneren Leben erfüllt war: Jesus Christus, der Herr, der Mittelpunkt der Kirche. Es gab für mich nur Eins. Nur eine Entscheidung, die am Anfang stand: ich wollte Ihm nachfolgen, mich ganz hingeben. Ihm meine Schuld anvertrauen und durch Ihn frei werden. Ich sah die Verheißung vor mir, meine Schuld loszuwerden. Plötzlich schien es mir unfaßbar: von allen meinen Sünden würde ich durch das Bußsakrament befreit werden. Durch „Seinen" Tod war ich erlöst. Ich begriff: wenn ich annahm, was Er mir gab, mußte ich radikal mit meinem vergangenen Leben brechen. Alle Verfallenheit fiel für immer ab. Ich war frei zur Nachfolge. Christus war es, der mich ergriff, ER, der Kern und Gehalt unseres Lebens. Es lohnte sich, alles daran zu setzen, um nur Ihn zu gewinnen. Ich wollte „alles" daran geben.

In Hamburg wollte ich nicht konvertieren. Recklinghäuser Freunde meines Bruders Fritzi rieten mir, nach Dorsten zu gehen. Dorsten, eine Zechenstadt, am Rande des Ruhrgebietes, war zu der Zeit ein Brennpunkt katholischen Lebens. Heinrich Spaemann und Hans Werners waren als Kapläne tätig. Ludwig Münster war Rektor des Ursulinenklosters. Pastor Westhoff brachte mich zu Mater Petra Brüning, die viele Jahre Oberin des Ursulinenklosters gewesen war. Sie war eine begnadete Frau. Unter ihrer Anleitung und Hilfe wurde ich in den Katholizismus eingeführt.

Ostern 1949 konvertierte ich. Sehr bald darauf stand für mich fest, daß ich in das Kloster eintreten wollte. Ich wollte in einer Gemeinschaft leben. Ich ersehnte das „Ganze". 1950 waren alle Hindernisse aus dem Weg geräumt, ich trat am 14. September 1950 in das Ursulinenkloster Dorsten ein.

Hierzu ein Nachsatz: Auch hier ist Wollen und Vollbringen nicht eins. Das „Ganze" ersehnt man und bleibt immer zurück.

ANGELIKA SCHMIDT-BIESALSKI, geb. 1948, verheiratet, ein Kind. Studium der ev. Theologie und Publizistik, Volontärin und Redakteurin bei einer regionalen kirchlichen Sonntagszeitung, 1976 – 1981 Redakteurin in der Redaktion Religion und Kirche beim Deutschlandfunk, seitdem freie Journalistin, arbeitet überwiegend für Hörfunk und Fernsehen.

Die Bilder in den Köpfen, in meinem Kopf

Es hat lange gedauert, bis ich die Frauen entdeckt habe in dieser Kirche. Eine für mich sehr wichtige Entdekkung, und ich frage mich, warum das so lange dauern mußte.

Aber eigentlich ist es gar nicht verwunderlich. Da war für das Kind „der liebe Gott", der „Herr Jesus", dann auch der Martin Luther, dieser große Mann, der als kleiner Junge von der Mutter für eine aufgesammelte Nuß blutig geschlagen wird, der Kurrendesänger, der bei der klugen Frau von Cotta Aufnahme findet, der starke Mann, der die Thesen an die Tür der Schloßkirche nagelt.

Und dann der Herr Pfarrer.

Ich hatte als Kind, und das weiß ich noch sehr genau, eine merkwürdige Vorstellung von all diesen Herren. Sie gehörten in einen unzugänglichen, ja, irgendwo magischen Bereich, düster und geheimnisvoll. Der Kindergottesdienst mit den freundlichen Helferinnen hat daran wenig geändert.

Mag sein, es hängt mit dieser allerersten Erfahrung zusammen, die ich nur aus zweiter Hand weiß, von meinen Eltern, die einmal lachend erzählten, das kleine Mädchen habe im ersten Weihnachtsgottesdienst, zu dem es mitgenommen wurde, erschreckt und halb weinend gefragt, warum denn der schwarze Mann so schrecklich schimpft, – und beteuert, dort niemals mehr hingehen zu wollen.

Ich denke inzwischen, dieser schimpfende schwarze Mann hat eine wichtige Rolle gespielt für meine Beziehung zur Kirche, mein Bild, mein Verständnis von Kirche. Er ist früh beherrschend geworden, und, weil er noch immer in der Kirche das Sagen hat, in gewisser Weise beherrschend geblieben, wenn auch auf ganz andere Weise.

Aber zurück zu den Frauen. Religionslehrerinnen gab es. Die erste im Gymnasium war eine liebe alte Frau, wir nannten sie unter uns „Omi"; die zweite galt unter den Schülerinnen allgemein als bigott, ich vermute heute, wir haben ihr Unrecht getan. Und dann, bei einer Samstagabend-Vesper, die Frau auf der Kanzel, im schwarzen Talar. Ich sah sie vom Chorraum der Kirche aus, durch Vorhang und schmiedeeisernes Gitter, damals sang der Chor noch nicht von der Empore. Sie wurde Pfarrvikarin genannt, und die Älteren im Chor erklärten mir, sie steht da nur ausnahmsweise und nur bei der Vesper, und wenn sie mal heiratet, dann steht sie da gar nicht mehr. Später traf ich sie als Religionslehrerin wieder.

Diese Frau befremdete, verwunderte mich zutiefst. Es war mir unerklärlich, was eine Frau dazu bewegen könnte,

Pfarrvikarin zu werden und zu predigen. Ich habe diese Verwunderung, diese Sprachlosigkeit später bei anderen festgestellt, als ich selber Theologie studierte. Die Gäste meiner Eltern etwa, die ich teilnahmsvoll, fast wie bei einem Trauerfall, fragen hörte: „Ihre Tochter . . . Theologie? Was sagen Sie denn dazu?“ Nun, die sagten nicht viel dazu, beobachteten mit Interesse. Daß jemand Theologie studierte, war immerhin ein Novum in der Familie. Als ich Abitur machte, lag mir der Gedanke, ausgerechnet Theologie zu studieren, noch völlig fern. Aber sehr bald entdeckte ich, daß dieses Studium wesentlich vielseitiger ist, als ich je geahnt hatte, daß ich, wie kaum irgendwo sonst, selber Akzente setzen konnte. „Kanzelhexe“, das konnte ich einem Studienkollegen versichern, der mich erschreckt fragte, nein, Kanzelhexe wollte ich eigentlich nicht werden. Am liebsten Journalistin. Und dazu erschien mir die Theologie, in der damals noch seltenen Kombination mit Publizistik, ein möglicher Weg zu sein. Zudem hielt ich es für ein lohnendes Ziel, einmal in der kirchlichen Publizistik zu arbeiten, nicht zuletzt auch deshalb, weil mir deren Produkte, vor allem die mir bekannten regionalen Sonntagsblätter, durchaus veränderungsbedürftig erschienen.

Theologie und die Institution Kirche erlebte ich als fast exklusive Männersache. In nicht wenigen Seminaren und Vorlesungen saß ich als einzige Frau; während meines ganzen Studiums, immerhin an drei verschiedenen Universitäten, traf ich nur eine einzige Frau auf einer Stelle als wissenschaftliche Assistentin, keine Professorin. Von feministischer Theologie war keine Rede, und die Folge war, ich richtete mich ein, ich paßte mich an. Frauen waren für mich „nur“ Kirchenvolk, füllten am Sonntag die Kirchenbänke, wenn auch meist eher spärlich, standen dann und wann mit der Sammelbüchse für die Diakonie an der Tür und tauchten im Gemeindebrief unter dem Stichwort

„Frauenhilfe“ auf, was mich immer argwöhnen ließ, es müsse ihnen selber geholfen werden. Graue Mäuse waren das für mich.

Es hat lange gedauert, bis ich die Frauen in der Kirche wirklich entdeckt habe, bis ich daranging, die Bilder in meinem Kopf als Vorurteile beiseite zu räumen, bis ich auch immer mehr Fragen an die Männer in dieser Kirche hatte und an diese in ihrer Struktur männliche Kirche selbst. Frauen in der Kirche – ausgerechnet mit dem „Weltgebetstag der Frauen“ begann es, dieser Institution, die mir mehr als merkwürdig vorkam. Damit hatte ich nun eigentlich überhaupt nichts zu tun haben wollen. Allein schon der Name, die wenigen Fotos, die ich in Kirchenzeitungen gesehen hatte, das reichte mir. Ich fühlte eigentlich kein Bedürfnis, mir die Sache näher anzusehen, hatte ja auch meine klare und abschreckende Vorstellung: „Alte und ältliche Frauen, auf dem Kopf das Hütchen der Heilsarmee, das Häubchen der Diakonisse oder einfach eine schlichte Halleluja-Zwiebel im Nacken, schwarz oder gräulich gekleidet: einmal im Jahr treffen sich diese Frauen in ihrer Kirche und murmeln Gebete“. Ziemlich nutzlos und überkommen, fand ich.

Und dann war alles vollkommen anders. Eigentlich nur aus Pflichtgefühl, weil ich auf die sehr persönliche Einladung schlecht absagen konnte, ging ich zu einer Sitzung des Deutschen Komitees und lernte dort eine Arbeit kennen, die ich mir im Traum nicht vorgestellt hatte. Frauen praktizieren seit Jahren etwas, worum sich Männer bis heute ohne Erfolg bemühen: Ökumenische Zusammenarbeit, auch mit den katholischen Frauen; dieser Weltgebetstag, eine Frauenbewegung, die inzwischen in mehr als 170 Ländern Fuß gefaßt hat; Frauen, die keineswegs nur beten – das auch, und auf bemerkenswerte Weise –, sondern Frauen, die auch sehr gezielt handeln, etwa mit Hilfe der beträchtlichen Kollekte des jährlichen Weltgebetstagsgottesdienstes, und die ihrer Bewegung das Motto gegeben haben „Informiertes Beten – Betendes Handeln". Ich habe Frauen gefunden, die alles andere als graue Mäuse sind, sondern selbstbewußte, intelligente und kritische Frauen. Die von diesen Frauen gestalteten Gottesdienste am ersten Freitag im März, jedenfalls die, bei denen ich dabei war, hatten denn auch wenig gemein mit den eher schalen, freudlosen, ja manchmal fast leblosen Sonntagmorgen-Veranstaltungen, die ich kenne; sie waren lebendig, einfallsreich, unmittelbar und sehr liebevoll. Plötzlich waren da ganz andere Frauen als die, die ich zu kennen glaubte. Und schließlich waren es dann viele einzelne Frauen, die mich wach und aufmerksam gemacht haben für das, was Frauen in dieser Kirche tun und was sie für sie bedeuten, Frauen, die mich selber ermutigen. Ich denke etwa an die Frauen, die viel Energie, Mut, Phantasie, Zeit und Geld einsetzen für die Aktion „Kauft keine Früchte aus Südafrika". Ich denke an die Pfarrfrau, die mir voller Begeisterung und immer noch ein wenig selber erstaunt erzählt hat, daß sich ihr Leben geändert hat, als sie vor einigen Jahren plötzlich erkannte, daß es nicht allein der Sinn ihres Lebens ist, eine möglichst gute Hausfrau und Mutter zu sein, sondern daß sie auch ein politischer Mensch ist, mitverantwortlich dafür, was auf und mit dieser Erde geschieht, und die seitdem aktiv in der Friedensbewegung mitarbeitet und andere mit ihrer Überzeugung und Begeisterung ansteckt und mitreißt. Ich denke nicht zuletzt auch an die Frauen, die in den Gemeinden selbstverständlich und ohne großes Aufheben ehrenamtlich das tun, was in der Alten Kirche mit dem Stichwort Diakonie umschrieben wurde.

Es hat lange gedauert, bis ich die Frauen entdeckt habe in dieser Kirche; und entsprechend lang hat es gedauert, bis ich erkennen konnte, wie männlich geprägt diese Kirche ist und daß es vermutlich das ist, was sie mir schon als Kind so unheimlich und streng erscheinen ließ. Es ist ja nicht allein dies, daß nahezu von Anbeginn Männer leiten und Frauen dienen, Männer reden und Frauen hören, Männer bestimmen und Frauen ausführen. Es hat sich zudem eine Vorstellung von Frauen als den minderwertigeren Geschöpfen Gottes ausgebildet, die die von Männern gedachte Theologie mit der von männlichem Denken und männlichen Interessen geleiteten Auslegung biblischer Texte „belegt", eine Vorstellung, die auch viele Frauen verinnerlicht haben. Und schließlich ist es der Stil religiöser Äußerung, der mir Ausdruck solcher einseitigen Prägung zu sein scheint, die alleinige Beschränkung auf intellektuelle Wahrnehmung. Ich vermute, daß die Religion allein des Wortes am Ende sogar sprachlos macht. Ich bemerke, fast schmerzlich, daß ich von religiösen ‚Erfahrungen' nicht berichten kann. Alles geht durch das feinmaschige Netz des Verstandes. Im Gottesdienst gilt nur die Predigt, die meisten Lieder kann ich nicht mehr singen, weil die Texte zu fremd, die Begriffe und Bilder intellektuell nicht mehr nachvollziehbar sind, Gebete erhalten ihre Wahrheit von der Güte der Formulierungen; mit der religiösen Erziehung meines Kindes habe ich größte Schwierigkeiten, weil es keine selbstverständlichen Formen und Riten religiöser Äußerung mehr gibt, in die es hineinwachsen könnte.

Und so sind die Frauen in der Kirche, vor allem aber auch neben der Kirche, die sich auf neue Weise mit Theologie beschäftigen, die für mich wichtigste Entdeckung. Frauen, die mit ihrer Theologie, die so mißverständlich Feministische Theologie genannt wird, die Theologie sozusagen aus dem Himmel der Abstraktion auf die Erde konkreter Erfahrungen und Situationen (zurück)holen. Eine Theologie, die dann auch nicht mehr folgenlos sein kann, eine Theologie, die nicht allein im Kopf stattfindet, nicht allein den Kopf anspricht, sondern den ganzen Menschen, die nicht nur aus Worten und Begriffen besteht, sondern die auch die Bilder wieder in die Kirche der Reformation hereinholt, eine Theologie, die Symbole mit neuem Leben erfüllt.

Diese Kirche ist kahl geworden und kalt. Die starken Frauen der Tradition sind hinausgewiesen, und ich beginne, sie zu vermissen. Ja, auch Maria! Nicht die idealisierte, die entrückte Himmelskönigin, die so gut dazu herhalten kann, Frauen auf die männlichen Wunschvorstellungen gemäßen Rollen festzulegen, „demütige Magd", „reine Jungfrau", und auch nicht die Madonna der Erscheinungen, sondern die ungewollt schwangere junge Frau, die Mutter Maria mit dem Kind auf dem Arm, die trauernde Frau unter dem Kreuz, die alt gewordene, verhärmte Maria mit ihrem toten Sohn im Schoß, die klagende Maria, auch die anklagende des Magnificats. Wie viele Frauen können sich da wiederfinden, einstimmen, wer weiß, vielleicht auch aufgehoben und anerkannt fühlen. Und ich beginne, die Heiligen zu entdecken, mit denen mich niemand zu Hause, in der Schule, im Studium oder in der Kirche je bekannt gemacht hat. Klara, die der üblen Nachrede, der Trennung von Franz und damit einem Stück Tod auf ihre Weise entschlossen entgegentritt und das Wunder bewirkt, daß im Winter Rosen blühen, keine Trennung hinfort mehr ist. Katharina, die Patronin der Theologen, Philosophen und Advokaten, die „streitbare Magd", die den Kaiser durch ihre Weisheit und Schönheit verwundert und es in Rede und Gegenrede mit den klügsten Männern aufnimmt. Und ich merke dabei immer mehr, wieviel fehlt in einer Kirche, in der nur das Wort gilt, die die Bilder rigoros eingeschränkt hat, ja, die Seele und Leib zurechtstutzt, in einer Kirche, die vor allem die Pflicht predigt.

Ich habe vor einiger Zeit einen Satz gelesen, der mich

seitdem nicht mehr losläßt. Da schreibt im Jahr 1934 eine Frau, Henriette Visser't Hooft, an einen berühmten Theologen, Karl Barth, „Ich bin nur gegen Enthauptung und Entleibung“ und meint mit diesem Satz die Situation von Frauen in der Kirche. Indem ich, spät, die Frauen in der Kirche entdeckt habe, habe ich viel gelernt über meine eigene Situation, nämlich allzu oft unempfindlich gewesen zu sein und auch immer wieder zu sein gegen solche Enthauptung und Entleibung. Die Frauen in der Kirche machen mir Mut und Hoffnung.

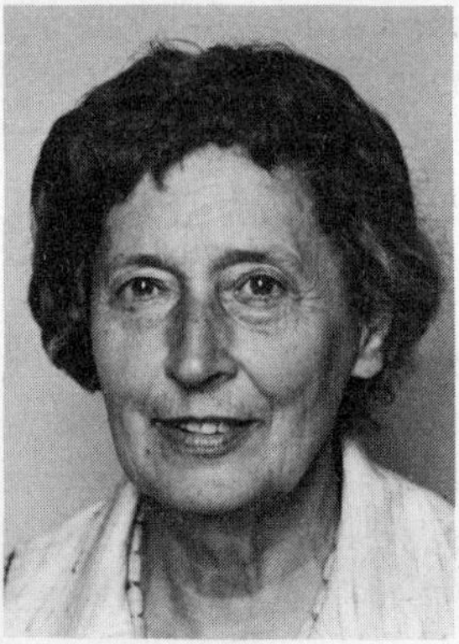

GENO HARTLAUB, geboren 1915 in Mannheim, aus politischen Gründen keine Studienerlaubnis, kaufmännische Lehre, Auslandskorrespondentin. 1939 zur Wehrmacht dienstverpflichtet, Kriegsgefangenschaft. Nach dem Krieg Verlagslektorin und Journalistin. Publizierte zahlreiche Erzählungen, Essays, Hörspiele, Reiseberichte und größere Romane. 1983 veröffentlichte sie unter dem Titel „Freue dich, du bist eine Frau“ fiktive „Briefe der Priscilla“, in denen sie sich mit der Rolle der Frau im Urchristentum auseinandersetzt.

Warten, wie es vielleicht nur Frauen tun

Anima naturaliter christiana, sagte mein Vater manchmal am Familientisch, wenn ich als noch nicht einmal schulpflichtiges Kind etwas von Himmel und Hölle, vom lieben Gott oder Jesus sagte. Da ich kein Wort Lateinisch verstand, gehörte dieser Ausspruch für mich in die gleiche Elternsprache wie „Do’nt“ oder „Not in the presence of the child“, durch die Vater und Mutter einander warnende Winke gaben, uns Kinder nicht durch unbedachte Worte in die Probleme der Erwachsenen einzubeziehen. Unsere christliche Erziehung ließ zu wünschen übrig; mein Vater war an diesem Thema mehr kunsthistorisch oder ästhetisch interessiert, zum Beispiel als leidenschaftlicher Liebhaber der Matthäus-Passion; meiner Mutter war es darum zu tun, konventionell christliche „Eierschalen“ abzustreifen, die ihr vielleicht noch aus ihrer Jugend in Bremen anhafteten. Militanter Atheismus war allerdings auch nicht die Sache meiner Eltern. So wuchsen wir, ordnungsmäßig getauft, als kleine Wilde und Heiden auf, für die als Devise der Titel eines der Bücher meines Vaters galt: „Kunst als Religion“. Tatsächlich war es meinem Vater und seinem Kollegen und Vorgänger Fritz Wichert gelungen, die Kunstbegeisterung breiter Bevölkerungskreise in Massenversammlungen des Mannheimer Rosengartens als eine Art Ersatzreligion zu „predigen“. „Weiß der Himmel“, sagte meine Mutter bei meinem ersten christlich-neurotischen Aus- oder Zusammenbruch, „von welchen Ahnen das Kind so etwas mitbekommen hat.“ Mein von der Psychoanalyse infizierter Vater sagte etwas von neurotischen Schuldgefühlen, an denen ich leiden sollte (was zum Teil auch stimmte) und von der Kirche als „Sammelbecken für Neurotiker“, was ihm eine neue psychologische Erkenntnis zu sein schien. Meine religiösen Anwandlungen und Anfälle blieben in der Familie unverständlich; allerdings war man pädagogisch zu „weise“ und im religiösen Sinne zu ratlos, um auch nur zu versuchen, mich davon abzubringen.

An mein erstes aus Angst und Ekstase gemischtes Erlebnis religiöser Natur erinnere ich mich noch genau. Weil ich eine Weisung verweigert hatte, hatte man mich aus unserer Etagenwohnung ausgeschlossen und die Wohnungstür hinter mir zugemacht, – ich sollte mich „austrotzen“, um dann wieder gnädig in die Gemeinschaft aufgenommen zu werden. Es kam anders. Meine Wut steigerte sich zu einem

Gefühl echter Verzweiflung: Man hat dich ausgeschlossen, du stehst draußen vor der Tür, dort wirst du dein Leben lang bleiben. Als ich zudem noch hörte, wie die übrige Familie, ohne meiner durch ein Wort zu gedenken, sich an den Tisch setzte, um mit dem üblichen Geschirr- und Besteckgeklirre ihr Mittagessen zu beginnen, kannte mein Zorn keine Grenzen mehr. Ich rief: „Laßt mich herein, ich habe Hunger, Tür auf" –, hatte jedoch damit nicht den geringsten Erfolg. Daraufhin schritt ich zur Tat. Mit den bloßen Fäusten schlug ich die Milchglasscheibe der Wohnungstür ein. Das Klirren der Glasscherben tat mir so wohl, daß ich schon etwas ruhiger geworden war, als die aufgeschreckte Familie sich über den Korridor näherte. Immerhin war ich so aufgeregt, daß ich nicht einmal das Blut an meinen Händen bemerkte. Meine Mutter weinte, weniger meinetwegen, so kam es mir vor, als wegen der in diesen Zeiten nur schwer und teuer zu ersetzenden Scheibe. Mein Vater erlitt einen Jähzornanfall, erhob die Hand, um mich zu schlagen. Mein Bruder konnte ihn besänftigen, indem er auf meine blutenden Hände deutete. Mit weißen Verbänden, die wie Boxhandschuhe aussahen, wurde ich ins Bett gesteckt, um noch verbliebene Wutreste im Schlaf zu ersticken. Doch ich fand keine Ruhe. Ein furchtbarer Gedanke trieb mich wieder hoch. Ich lief barfuß hinüber ins Elternschlafzimmer, wo mein Vater der Mittagsruhe pflegte. Ich warf mich ihm, der sich vor Staunen kaum fassen konnte, zu Füßen. Kniend schluchzte und weinte ich so herzzerreißend, daß meine Mutter hinzukam und mich zur Versöhnung in die Arme nehmen wollte. „Rühr mich nicht an," schrie ich, „von dieser Sünde spricht mich niemand je wieder los. Ich komme nicht in den Himmel, wenn ich jetzt sterbe." Über diese letzte Bemerkung hätten meine Eltern vielleicht bei einer anderen Gelegenheit gelacht, doch sie merkten, daß ich verzweifelt war; deshalb schwiegen sie und erklärten, ich solle mich beruhigen, die Sache sei ja erledigt. Ich ging ins Kinderzimmer zurück. Die Schuld nimmt mir niemand ab, dachte ich, noch immer vor mich hin schluchzend. Da die Tür zum Korridor halb offen stand, hörte ich, wie meine Eltern sich über meinen Wutanfall und den Verzweiflungsausbruch unterhielten. Sie fragten sich, woher ich das nur habe und meinten, trotz meiner üblichen Heiterkeit, ja Ausgelassenheit, sei ich wohl ein recht nervöses Kind.

Ich ging damals in die zweite Klasse einer Volksschule, die als progressiv und politisch links galt. Mein Lehrer erklärte uns, was es mit der Inflation auf sich hatte und weshalb wir den Krieg verlieren mußten – alles andere, meinte er, gehöre in den Religionsunterricht, der jedoch aus irgendwelchen Gründen ständig ausfiel. Der Lehrer hatte mit mir sehr viel Nachsicht und Geduld. Als Linkshänderin schrieb ich, ohne es zu merken, auch noch Spiegelschrift, die er mittels eines Spiegels entzifferte, ein für ihn interessantes pädagogisches Experiment. Sowie ich merkte, daß ich anders als meine Mitschülerinnen war, verfiel ich wieder in meine Schuldgefühle. Ich fragte den Lehrer im Rechenunterricht, ob wirklich alles, was wir taten, in gute und böse Werke eingeteilt, irgendwo festgehalten und aufgeschrieben werde wie Ausgaben und Einnahmen ins Haushaltsbuch. Er tröstete mich und meinte, in meinem Alter brauche man sich noch keine Sorgen über richtiges oder falsches Handeln zu machen. Ich widersprach ihm mit einer Stimme, die mir wegen ihres schauspielerhaften Pathos wenig gefiel: „Aber doch, wir werden gerichtet." Nun war auch der Lehrer alarmiert und fragte, wo ich denn diesen Unsinn aufgeschnappt habe. Der Lehrer war linker Sozialdemokrat und ein wirklicher Atheist, nicht nur ein Agnostiker, dem die „Sinnfrage" ziemlich gleichgültig war. Er lachte und meinte, ich solle mir nicht einbilden, als Engel durch dies Leben, das eines der schwersten sei, zu kommen. Trotzdem nannte er mich von diesem Tag an ironisch-zärtlich „unser Engelein". Ich durfte vor der Klasse Märchen und religiöse Legenden erzählen, die ich mir, durch „Lesefrüchte" bereichert, ausdachte.

Es kam die Zeit der Krippenspiele. Ich bestand darauf, immer einen Engel zu spielen, der eigentlich nicht zum Personal der Heiligen Familie, der Hirten, der Tiere im Stall und der Heiligen drei Könige gehörte; auch mit den himmlischen Heerscharen auf den Feldern, die die Geburt des Herrn ankündigten, hatte diese Figur nichts zu tun.

Es begann eine aufklärerische Phase. Erst einmal entlarvte ich meinen Vater als Weihnachtsmann und behauptete, er sähe viel eher wie ein Zauberer aus, der uns faule Tricks vormache. Dann bekamen wir in der Schule Naturkunde-Unterricht. Ich interessierte mich für die Verwandtschaft zwischen Mensch und Affen. Darwin und Linné wurden zu meinen neuen Göttern. Ich verglich ihre Ergebnisse und Deszendenztheorien mit dem, was in der Genesis über die Schöpfungsgeschichte stand, fand Widersprüche und verkündete meinem Lehrer, die Naturgeschichte nicht mit der Religion zusammenbringen zu können. Ich pochte auf mein demokratisches Menschenrecht – dies Wort kam bei uns zuhause häufig vor – und verlangte, von nun an nicht mehr am Religionsunterricht teilnehmen zu müssen, – ein Ansinnen, dem unser Direktor stattgab, angeblich, weil er gleichfalls nichts von christlicher Kindererziehung hielt. Während meine Mitschülerinnen das Glaubensbekenntnis auswendig lernten und auf die Katechismusfragen antworteten, ging ich spazieren oder sogar schwimmen.

Nun aber näherte sich das Alter der Konfirmation. Erst wollte ich nicht mitmachen, weil ich mich in meiner rationalistischen Phase sehr wohl fühlte, außerdem auch das christliche Pensum des Religionsunterrichts versäumt hatte. Meine Eltern verhielten sich neutral. Ziemlich gelangweilt ging ich dann doch in die erste Konfirmandenstunde – mit dem Ergebnis, daß das, was meine Brüder inzwischen meinen religiösen Wahnsinn nannten, sogleich von neuem ausbrach, allerdings auf eine banale und recht weltliche Art. Ich verliebte mich in den Pfarrer, von dem ich merkte, daß er mehr Anthroposoph als Protestant der unierten badischen Kirche war. Ich verlangte ständig von ihm Privataudienzen, da ich nicht mehr mit mir und der Umwelt zurechtkam. Ich wurde eine leidenschaftliche Konfirmandin, die alten Schuldgefühle kehrten zurück. Ich versuchte, sie durch häufige Kirchenbesuche und Diskussionen im Pfarrhaus zu lindern. Ich fand es schlimm, daß es in meiner Kirche keine Beichte und keine Absolution gab. Ich malte mir – auf völlig falsche Weise – aus, was ich alles im Beichtstuhl gestanden hätte; der Beichtvater hätte natürlich „mein" Pfarrer und nicht irgendein namenloser Priester sein müssen.

Meine Konfirmation fiel recht kläglich aus. Mein Vater befand sich auf einer Schiffsreise, meine Brüder waren als Austauschschüler in fremden Familien im Ausland untergebracht, meine Mutter war schwerkrank; sie starb bald danach. Ich verbrachte den Tag mit mehr oder minder gleichgültigen Freunden. Wieder hatte ich das Gefühl, mich verschuldet zu haben, – sonst hätte ich doch nicht so allein sein können, fast wie damals, als ich draußen vor der Tür stand. Als meine Familie mit entfernten Verwandten, die ich zum ersten Mal sah, zur Beerdigung meiner Mutter kam, hörte ich, wie einer meiner Brüder zum anderen sagte: „Sie glaubt eben anders als wir – kein Wunder, ein Mädchen." Von da an ging's bergab, könnte man mit dem Volksmund sagen: Mein Vater wurde als Museumsdirektor und Förderer der sogenannten entarteten Kunst der

Moderne gleich nach der „Machtübernahme“ entlassen. Nach einem idyllischen und schönen Intermezzo im Landerziehungsheim der Odenwaldschule, in dem man sich, ohne etwas von der Realität „draußen“ zu bemerken, nach echt deutsch idealistischer Weise bilden und großzügig auch Marx und Freud, die Götter der Epoche, in die Tradition mit einbeziehen konnte, wurde ich ausgestoßen aus dem Paradies. Ich durfte nicht studieren aus politischen Gründen, mußte mir mein Geld als kaufmännischer Lehrling – 30 Mark im Monat – in Frankfurt verdienen, hätte in dem artfremden Milieu nach vollkommenem Versagen fast noch eine kaufmännische Karriere gemacht. Sah meinen Vater mit Berufsverbot jeden Morgen um neun Uhr bei selbstgewählter Arbeit am Schreibtisch sitzen, begleitete ihn auf seinen Spaziergängen zur Post, tippte seine Arbeiten und Artikel, traf mich mit meinem Bruder, der auf Kosten von Schweizer Verwandten in Berlin neuere Geschichte studierte – allein, ohne Freunde, wegen unseres Teilchens jüdischer Erbmasse gemieden; eine schreckliche Zeit, in der mir, wenn ich mich recht erinnere, auch kein Gedanke an eine von Gott gesandte Prüfung half; das Unglück war ja nicht individuell, sondern betraf kollektiv alle, die nicht mitmachten oder nicht mitmachen durften.

Der Krieg brach aus, und – ich muß es gestehen – für mich begann eine glücklichere Zeit. Eigener Entscheidungen und Sorgen war ich enthoben. Keinen Augenblick glaubte ich an Hitlers Welteroberungsträume. Meine jüdischen Freunde verschwanden ins KZ oder in die Emigration, die meisten jungen Männer, die ich kannte, waren an der Front oder fielen. Ich wurde als verdächtiges Element am ersten Kriegstag bereits zur Wehrmacht dienstverpflichtet und blieb dort, die Standorte wechselnd, bis zum Ende, dem sich eine halbjährige Kriegsgefangenschaft anschloß.

Glückliche Zeiten? Kaum, aber ich wurde wieder, ohne es recht zu wissen, zur anima naturaliter christiana, als die ich geboren war. Ich lebte im Angesicht des Todes, der auch mich bedrohte, in einem Zustand zwischen Verzweiflung, Ekstase und Verklärung der Weltwende, die ich – vielleicht ähnlich wie die Urchristen – in greif- und zählbare Nähe gerückt sah. Täglich machte ich sozusagen Bilanz. Ich lernte innere Buchführung, ich versuchte, auch die Menschen, mit denen ich zufällig zusammen war – vor Gott sind alle gleich, trotzdem unverwechselbar, unvertretbar –, auf ihr mögliches Schicksal vorzubereiten.

Gewiß wäre ich eine schlechte Missionarin gewesen, wenn mir nicht in der Ferne, aber manchmal auch in der Nähe (denn meine Familie, ausgebombt, war nach Heidelberg geflüchtet) ein großes Vorbild zur Hilfe gekommen wäre: Karl Jaspers, den ich, unstudiert und nur mäßig gebildet, wie ich war, in jedem Urlaub besuchen durfte. Jetzt wurde mir klar, was der Unterschied zwischen Dasein und Existenz war und wie ich die Grenzsituationen von Liebe, Schuld, Glück, Krankheit und Tod für mich und andere auslegen konnte. Zwar war auch ich vom Fieber und von der Lebensgier der „Endzeit" angesteckt, aber ich stellte die quälende Sinnfrage, was das alles sollte, nicht mehr. Ich las Kierkegaard und fand bei ihm das Wort: Wollen was man muß. Ich versuchte mich anzunehmen und in dem Fluß, in den ich durch Herkunft und Schicksal hineingeworfen war, auf die Mündung zuschwimmen, statt mich gegen die Strömung zu wehren. Ich hatte zur Ichfindung oder zur Selbstverwirklichung, wie man das heute nennt, nur noch wenig Zeit. Ich lebte in der Hoffnung, den neuen Frühling, der nach der Katastrophe anbrechen würde, noch mitzuerleben: ich befand mich in Parusie-Erwartung. Das gab mir eine Erklärung für die finsteren Zeiten mit der Macht des Antichristen. Etwas würde geschehen. Wir bewegten uns auf ein Ziel zu. Aus dem wirren In-sich-selber-kreisen war eine Pfeilbewegung aller Gedanken und Gefühle, die in der Unendlichkeit mündeten, geworden. „Mach deine Rechnung mit dem Himmel". Um das zu sagen, brauchte ich keine Schiller-Bühne und keinen Mörder mit Dolch, der darauf wartete, mich zu töten. Mein eigenes Bewußtsein genügte. Nie habe ich so schöne und friedliche Augenblicke vor dem Einschlafen gehabt. Von vornherein war ich davon überzeugt, daß ich die Katastrophe nicht überleben würde. Als der Krieg sich dem Ende zuneigte, war ich fast dreißig Jahre alt. Eine verlorene Jugend? Eher ein voll genutztes und in sich abgeschlossenes Menschenleben. In früheren Zeiten starben die meisten Menschen mit dreißig, sagte ich mir.

Doch dann kam die Strafe nach dem Endzeit-Glück. Ich überlebte. Ich wurde aus der Gefangenschaft entlassen, ich kam nachhause, ich mußte mir einen Beruf und einen Unterhalt schaffen: Entscheidungen treffen, im Schweiß meines Angesichts arbeiten.

Es ging weiter. Der Herr war nicht in seiner Glorie erschienen, um ein Ende zu machen und einen neuen Anfang zu setzen. Glauben, warten, hoffen, auf eine Zukunft, in der jener Wechsel auf Erlösung, den Christus uns ausgestellt hat, endlich eingelöst werden würde. Warten, wie vielleicht nur Frauen es tun – geduldig, gelassen, in der Demut der lange Unterdrückten, die in Wirklichkeit eine Stärke der Seele ist.

MARION MILLER (Pseudonym), geb. 6.12.1932 in Karlsruhe, Jurastudium, Staatsexamen, drei Kinder. Lebt in Köln, arbeitet in der Jugendhilfe. Ein Roman, ein Lyrikband; zahlreiche Veröffentlichungen in Zeitungen, Zeitschriften, Hörfunk, Fernsehen.

Dieser Mann am Kreuz

Meiner Mutter Marion
meiner Schwester Ludwin,
meiner Tochter Stephanie

Beim Umzug habe ich es entdeckt: es lag, in Watte und Plastik verpackt, in der hintersten Kellerecke. Jahrelang hatte es da gelegen, vergessen wie ein altmodisches Kleid: das Kreuz, zur Erstkommunion mir vor über vierzig Jahren von meinen Eltern geschenkt.

Ein kostbares Stück, fünfundsechzig Zentimeter hoch, handgeschnitzt vom Salzburger Herrgottsschnitzer, wertvolles Einzelstück. Dunkel, von schöner Maserung durchzogen, die Kreuzbalken; der Corpus in hellerem Holz, dunkel Locken und Lendentuch, und hellrot gemalt die Herzwunde, das Blut an Händen und Füßen und die Knie, aufgeschlagen vom Fall.

Zu diesem Mann am Kreuz waren alle Kindergebete aufgestiegen; Schauer der Ehrfurcht durchzitterten das Kind, und das Gefühl himmel- und höllenweiter Distanz und Sündhaftigkeit drückten mich zu Boden. Der Mann am Kommunionskreuz, das ich nun, nach so vielen Jahren, wieder in der Hand halte, war mir der Inbegriff von Hoheit, Jenseitigkeit, von Macht und Herrlichkeit – die Idee vom Mann schlechthin. Noch im Tod ist er von edelster Schönheit; der schlanke Körper kräftig und muskulös; das schmale Gesicht, von Schmerzfalten durchzogen, trotz Folter und Qual hoheitsvoll-überirdisch, umrahmt von dunklen Locken in Haaren und Bart, erscheint ungebrochen in männlicher Energie. Die Erinnerung an das „Eli, lama sabachtani" taucht da lediglich als dramaturgischer Trick der Passionsgeschichte auf. Diese geschnitzte Figur ist bereits eine – noch leidende – Version des Helden der Auferstehung, keiner, dem man den blutigen Angstschweiß am Ölberg glaubt, ist kein Mensch, sondern der Mann, als den ich Gott erlebte als Kind: Gottsohn. Und zugleich erlebte ich die ältere, noch würdigere Variante: Gottvater.

Dieser weißhaarige und weißbärtige Übermann, allwissend und allmächtig, ein Magier, der die Welt an Fäden zog, wußte alles, sah dem gläubig-ängstlichen Kind noch in die versteckteste Ecke des sündigen Herzens. Vor diesen Röntgenaugen gab es kein Entrinnen, gab es nur das „mea culpa, mea maxima culpa". Vor diesem allmächtigen Superrichter konnte man sich nur in den Staub werfen und um Gnade betteln.

Dem leiblichen Vater sah dieser – bestenfalls alttestamentarische – Gottvater zum Verwechseln ähnlich, oder vielmehr dem Bild, das das Kind in seinen von der Mutter genährten Phantasien sich von ihm, dem frühgestorbenen, zurechtgezimmert hat. Mehr noch: Gottvater war eine

Mischung von Vater und Großvater, dessen Bild, in Öl gemalt und lebensgroß, eine Wand des Eßzimmers zierte: preußischer General der Infanterie, stern- und ordensgeschmückt, hochaufgerichtet, die mächtigen Hände gestützt auf den edelsteinbesetzten Degenknauf. Von diesem Großvater (mütterlicherseits) wußte ich nur durch die idealisierenden Erzählungen meiner Mutter. So war Gottvater ein weiser Staatsmann wie der Vater, ein oberster Kriegsherr wie der Großvater. Herr der Mächte und Heerscharen, riesig, ausgestattet mit allen Attributen der Macht, verkörperte diese Projektion kindlicher Phantasie auch den obersten Richter, der am jüngsten Tage Gericht halten würde über seine widerspenstigen Geschöpfe. Daß dieser Gott ein Gott der Liebe sei, hörte ich wohl, aber „Liebe" war allenfalls Gnade und Amnestie – und insofern umsomehr Ausdruck richtender Allmacht. Um diesen strengen, alleswissenden Richter gnädig zu stimmen, bedurfte es ständig sich wiederholender Rituale: Gebete, Messen, Andachten, Wallfahrten, der Fürbitte der Heiligen, und, vor allem, regelmäßiger Beichten. Gebeichtet habe ich als Kind alle vierzehn Tage; auch meine Mutter ging regelmäßig zur Beichte, und es blieb mir ein ewiges Rätsel, was diese Frau wohl zu beichten hätte. Wenngleich sie mir oft genug als grausam und ungerecht erschien, so hätte ich doch nie gewagt, solches als Sünde zu qualifizieren, war es doch mit göttlicher Autorität legitimiert: sie habe vor Gott einmal Rechenschaft für mich abzulegen, bedeutete sie mir, und diese Tatsache war Rechtfertigung für alles, was sie mir tat und antat.

Freilich, mein ewiges Sündenaufsagen im Beichtstuhl alle vierzehn Tage hatte nicht die befreiende Wirkung, die ihm so oft nachgerühmt wird, es belastete mich im Gegenteil von Mal zu Mal mehr. Denn die Beichte konnte ja nur dann ihre segensreiche Wirkung entfalten, wenn man fest entschlossen war, die Sünden keinesfalls zu wiederholen; ich wußte aber, daß ich wieder lügen, streiten und schlimme Wörter sagen würde, so daß meine Sünden mir nie wirklich vergeben werden konnten. So setzte ich auf den Trick namens „Ablaß"; damit konnte man, ganz bestimmte Bedingungen vorausgesetzt, wenn nicht der Sündenschuld, so doch der Sündenstrafe entgehen. Ablässe gab es für jeweils ganz bestimmte Zeiträume, und ich rechnete und addierte, bis ich meine Lebenszeit zusammenhatte. Ablaß, das bedeutete, nicht in die Hölle zu kommen, die andernfalls unweigerlich drohte. Kein noch so schlauer Kaufmann hätte erfinderischer sein können, um seinen Gläubigern zu entgehen.

Daß mich dieser Glaube bis an die Wurzeln vergiftete, erwies sich erst viel später. Vorerst lebte ich, vierte von fünf Töchtern – der einzige Bruder fiel in Rußland, siebzehnjährig – im Frauenhaus: mit Mutter, Schwestern und weiblichem Hauspersonal. Das war nach dem Tod des Vaters, ab 1943. So wurde meine Mutter die allesbeherrschende Person in meiner Entwicklung, eine überaus vitale, wenngleich in ihrer eigenen weiblichen Entwicklung gehemmte und beschnittene Person. Den Mann – Vater, Bruder, Großvater, Gott – erlebte ich als Abwesenden, der mächtig war und immer mächtiger wurde eben durch seine Abwesenheit und Unüberprüfbarkeit. Die Frau hingegen erfuhr ich als ungemein nah, unentrinnbar, beängstigend, mich beherrschend noch bis in die Träume. Gleichwohl herrschte die Mutter nicht durch sich selbst; sie berief sich auf den Namen des Vaters, des Großvaters, Gottvaters selbst, des Sohnes und Märtyrer-Bruders und des Heiligen Geistes der Weltordnung. Frau und Mutter – das hieß Stellvertreterin und Vermittlerin des Männlichen; diese Rolle war fest und unumstößlich und zwang mir mein eigenes Bild auf. Dieses Selbstbild war indes so widersprüchlich, daß ich ihm nur um den Preis totalen Selbstverlustes gerecht werden konnte: Frau, „nur“-Frau, wollte ich nicht sein, denn das hieß Passivität, Ja-sagen zu den Geboten fremder, männlicher Autoritäten, hieß, Dienende und Vermittlerin zu sein. So mußte die andere, männliche Seite in mir entwickelt werden, die allein mir eine gewisse Art von Selbstachtung zu ermöglichen schien. Für mich bedeutete das: zu lernen, abstrakt, analytisch zu denken, hieß das später das Studium der Rechte. Ich träumte davon, eines Tages hinter dem Richtertisch zu thronen, Recht zu sprechen und das Gute vom Bösen zu unterscheiden – eine gottähnliche Position.

Ehe und die Geburt von drei Kindern ließen es nicht dazu kommen. In der Geburt des ersten Kindes hätte ich meine eigene, weibliche Potenz erfahren können; ich erfuhr ein weiteres Mal nichts als weibliche Ohnmacht. Seine Geburt war ein fürchterlicher Absturz in Qual, in die unauslöschliche Erfahrung des Zerrissen- und Zerstörtwerdens durch die Epiphanie des Männlichen aus meinem Fleisch. Ich nannte den Sohn Markus, gab ihm diesen urmännlichen Namen des allesbedrohenden Löwen. Aber dieser Sohn entzückte mich auch; ich hatte den Mann geboren und fand Legitimation und Rechtfertigung darin. Die Tochter, das zweite Kind, bedeutete und verursachte das Ende meiner Juristerei; ich brach die Ausbildung ab, ein Jahr vor dem zweiten, großen Staatsexamen. In narzistischer Verblendung sah ich in dem unschuldigen Wesen nur mich selber, die Frau, der man schon als Kind das eigene Leben streitig gemacht und es gewaltsam angepaßt hatte an eine rigide, patriarchalische Welt: die Tochter Stephanie, das war ich selber, der Mensch, der nicht selbst sein und werden durfte. Die Tochter machte mich zum „Nur“: Nur-Hausfrau, Nur-Mutter.

Und Gottvater schwieg: er thronte hoch über den Wolken, sah und registrierte mein Versagen und wendete sich ab. Niemand wußte von der Tragödie, am wenigsten der eigene Ehemann, war er doch mit der Karriere und der Existenzsicherung der wachsenden Familie voll in Anspruch genommen. Nie hätte ich gewagt, den Mann am Schreibtisch mit den eigenen Sorgen zu behelligen, – an diesem Riesenschreibtisch, hinter dem schon der eigene Vater verschwunden war: Kinder sind Frauenangelegenheiten.

Das dritte Kind wurde geboren, wieder ein Sohn – und wieder eine armselige Rechtfertigung für mein weibliches, schwaches Dasein: Christoph, der seinen Namen dem starken Riesen verdankt, der das Christkind durch das Wasser trug und unter der wachsenden Last des Gottessohnes fast zusammenbrach.

Von Emanzipation hatte ich damals, Anfang der sechziger Jahre, noch nichts gehört – ich fügte mich, wenn auch zähneknirschend, in meine „weibliche“ Rolle, die indes unausweichlich zur Selbstverachtung, zur Negation meiner selbst und meines Selbst führte. Die Brutalität des Patriarchats hatte den Sieg davongetragen, weil ich eher bereit gewesen war, mich selbst aufzugeben, als seine Normen und Werte in Frage zu stellen.

Der Zusammenbruch kam, als ich vierunddreißig war, und diesmal war er total: Ungenügen, Schuld, Schwäche, Versagen, Fluchtversuche vor Ansprüchen, denen ich nie und nimmer genügen konnte, hatten mir alle Lebenskraft genommen. Ich hatte ein Mann sein wollen, und die Erkenntnis der Unmöglichkeit brachte mich um. Vor dem richtenden, das eigene Todesurteil sprechenden Gewissen gab es kein Entrinnen mehr – nun hatten die Psychiater das Wort. Ein weiteres und – letztes Mal geriet ich unter den Totalitätsanspruch von Männern und ihren tödlichen Verdikten. Ehemann, Ärzte, Psychiater und Psychologen machten unter sich aus, was mit mir sei und zu geschehen habe. Ich selbst war lediglich als – nicht recht ernstzunehmende – Zeugin in meinem Prozeß zugelassen. In typisch männlicher, reduktionistischer Manier machte man ein ererbtes Übel verantwortlich für meine Verrücktheit, ein Übel, das mit meinem Leben, mit meinem kastrierten weiblichen Dasein und Selbstverlust nicht das Geringste zu tun hatte.

Aber nun hatte ich den Tod erlebt und das Grauen, hatte den richtenden Vatergott erlitten in seiner entsetzlichen Gerechtigkeit und – haßte ihn dafür. Zum ersten Mal brach dieser Haß in mir durch mit so elementarer Gewalt, daß ich diesen patriarchalischen Götzen in mir ermordete. Ich tat das bis dahin Undenkbare: ich trat aus der römisch-katholischen Kirche aus, jener unmenschlichen und frauenfeindlichen Männergesellschaft, deren oberster Repräsentant eben zu jener Zeit sich anmaßte, mich in meinem weiblichen Körper zum Objekt zölibatärer, theologischer Spitzfindigkeiten zu machen; freilich war die „Pillenenzyklika“ Pauls VI. nur der bekannte Tropfen, der mein ohnehin volles Faß zum Überlaufen brachte. Alles in dieser Kirche hatte mich zu unterdrückt-dienender Unfreiheit und Minderwertigkeit verdammt; die mir zugemutete Rolle der demütig-unterwürfigen Frau hatte, ausgerichtet am Maria-Wort des passiven „mir geschehe“, mich ebenso einseitig und krankmachend deformiert wie der verzweifelte Versuch, durch die Identifikation mit dem Mann-Gott-Vater teilzunehmen an Männerwelt und -kirche.

Damals nahm ich mein Kreuz von der Wand, das Kommunionskreuz mit dem edlen Helden daran; ich verpackte es in Watte und Plastik und trug es hinunter in den Keller.

1967/68: das war für mich die Stunde Null, Endzeit und zugleich Beginn meiner zweiten Geburt, deren Schmerzen ich nun bewußt erlebte, Zeiten und Jahre, die mich mitten durch die Hölle führten. Anfang eines neuen Lebens: alle alten Autoritäten, die mir Entfaltung und Selbstwerdung beschnitten hatten, warf ich nun nach und nach über den Haufen. So gut wie nichts blieb an seinem alten Platz; die alten mächtigen Bilder stürzten, und ein übers andere Mal hätten sie mich selbst mitgerissen und zermalmt, wäre da nicht die Schwester gewesen, eine von vieren, die mich gehalten, die mich geliebt und an mich geglaubt hat auch da, wo nur noch Hoffnungslosigkeit war. Diese Schwester, sechs Jahre älter als ich und viel früher zu selbständiger Entwicklung gelangt, wurde mir zur zweiten, geistigen Mutter: eine der gläubigsten, liebesfähigsten Frauen, die mir in meinem Leben begegnet sind.

Frauen begannen nun eine immer wichtigere Rolle für mich zu spielen, als Freundinnen, Anregerinnen, Gesprächspartnerinnen. Ich erkannte nun nach und nach den mörderischen Irrsinn des einseitig androzentrischen Weltbildes: eine Welt der Konkurrenz und des Kampfes, des Mißtrauens und des Gesicht-wahren-müssens, eine in dualistischem Denken zerrissene Welt, ein Denken in Sieg und Niederlage, ein mechanistisches Denken, das Natur und Menschen als Maschinen begreift, in die der Mann in angemaßter Gottähnlichkeit nach Belieben eingreifen darf. Ich sah die Unterdrückung des Sanften, Zärtlichen: Mutter Erde, erniedrigt und ausgebeutet wie die Frauen. Das gegenwärtige Bild unserer Welt – milliardenverschlingende Vernichtungsapparaturen einerseits und Mord und Hunger in der Dritten Welt anderseits –: in dieser Absurdität hat die patriarchale Ordnung ihren Höhe- und Tiefpunkt erreicht.

Ich begann, mich dem Feminismus zuzuwenden, später der Ökologie- und Friedensbewegung, die ich in engstem Zusammenhang begreife. Obwohl längst keine Studentin mehr, bedeuteten die Jahre nach 1967 auch für mich eine

Umwälzung, die alle Aspekte meines Lebens in ihren Strudel riß, die körperlichen und die seelischen, die politischen wie die privaten: Aus der braven Bürgerin wurde die (Denk-) Revolutionärin, aus der gottvatergläubigen Christin die ausgetretene Rebellin, aus der angepaßten Ehefrau die Berufstätige, die in ihrer neuen Aufgabe – Arbeit mit arbeitslosen, sozial schwachen Jugendlichen – ganz und gar aufging und schließlich auch den Rahmen einer patriarchalen, konventionellen Ehe sprengte.

Nie aber schwieg die Stimme in mir, oder besser: ein Rumoren, eine dauernde Beunruhigung – es fällt mir schwer, es zu benennen. Da war, vor allem, meine Schwester. Durch sie geriet ich an die Bücher Carl Gustav Jungs und Erich Neumanns; ich ließ mich – der Prozeß zog sich über Jahre – einholen von meinem „Schatten", der schuldbeladenen, dunklen Seite meines Daseins. Aus der neuen, mich in den Grundfesten meines Lebensgefühls erschütternden Erkenntnis und Annahme meiner Schuld wuchs langsam, aber mit großer Stetigkeit und immer drängender die Sehnsucht, Hoffende unter Hoffenden zu sein, Liebende unter Liebenden – gegen eine hoffnungslose, liebeleere Welt. Nicht mehr Schuld und Schuldgefühl trieben mich, sondern das Gefühl neuen Lebens, das mich mit explosiver Kraft erfüllte.

In dieser Zeit begann eine neue, liebende Beziehung zu einem Mann, der aufgewachsen ist in einem anderen Kulturkreis, in einer anderen christlichen Erfahrung auch. Diese Beziehung ermöglicht uns beiden die Erfahrung wachsender Ganzheit, seiner und meiner. Nicht mehr die unversöhnlichen Gegensätze Mann-Frau bestimmen uns, sondern der fast spielerische Austausch der Polaritäten im lebendigen Wechsel: Sanftheit und Hartnäckigkeit, Zärtlichkeit und zupackende Konkretheit, Schwachheit und Kraft.

Nach zwölf Jahren kehrte ich in die Kirche zurück, nicht in die Dome einer männlichen ecclesia triumphans, nicht in Dogma und lehramtlich erstarrte Besserwisserei und Bevormundung – der Männerbund der institutionalisierten Kirche ist mir nach wie vor ein Greuel. Kirche ist für mich die Gemeinschaft derer, die sich nach Leben und Lebendigkeit sehnen, die Gemeinschaft der Ehrfürchtigen vor Natur und Leben. Kirche ist lebendig da, wo immer Partei ergriffen wird für das Schwache, Unterdrückte, Ausgebeutete. Leben – das wird für mich am deutlichsten in den acht Seligpreisungen der Bergpredigt, die ich ganz konkret-politisch verstehe: Leben, wie es sein könnte, menschliches Leben, wie es gemeint ist.

Im übrigen gerät mir die Lektüre der Bibel immer wieder zur Anfechtung, weil auch hier ein einseitig patriarchal-androzentrisches Weltbild erscheint. Ich muß mich wohl oder übel damit abfinden, daß auch das „Buch der Bücher" ein von Männern geschriebenes, in seinen kanonischen Teilen von Männern ausgewähltes, und vor allem in seiner Wirkungsgeschichte maskulines Werk ist, in dem ich als Frau mich nur in wenigen Passagen wiederfinden und erkennen kann.

Ich verlasse mich indes – oder sollte ich besser sagen: hoffe – darauf, daß mit dem Erstarken feministischer Theologie Frauen in die Lage versetzt werden, ihre spezifischen Erfahrungen einzubringen und zu formulieren, so daß die Bibel nicht als die ein für allemal abgeschlossene Offenbarung sich erweisen wird, sondern als fortwirkende und sich entwickelnde Mensch- und Fleischwerdung der Verheißung des Lebens.

Gottvater ist tot, und Gott für mich die – ungern so genannte – Chiffre für Leben und Sein, für Fruchtbarkeit, Schöpfungskraft und Tiefe, das Unnennbare, an dem alle Wörter und Begriffe scheitern. Die Bücher von Hanna

Wolff, unter ihnen vor allem „Neuer Wein in alten Schläuchen“, die Schriften feministischer Theologinnen wie Mary Daly, Katharina Halkes und Christa Mulack haben mich beeindruckt und beeinflußt und sind dabei, neue Umwälzungen in mir zu bewirken, von denen ich nicht weiß, wohin sie mich führen werden.

„Euch ist gesagt worden – Ich aber sage Euch“ – so sitzt der Sohn, der Mann Jesus, mit der Samariterin am Brunnen, verwirft alle männlichen Ordnungen, kehrt das Unterste zuoberst und verweist den Ort Gottes in uns selbst, in die Gemeinschaft der Glaubenden, Hoffenden, Liebenden.

Das Kreuz, das meine Eltern vor über vierzig Jahren für mich schnitzen ließen, hängt seit einiger Zeit über meinem Schreibtisch – Ort ständiger Auseinandersetzung mit mir selbst, mit Gott und der Welt.

CATHARINA J. M. HALKES, Dr. theol., hat einen Lehrstuhl „Feminismus und Christentum" an der theologischen Fakultät der Katholischen Universität Nijmegen. Sie doziert feministische Theologie nachdem sie erst an derselben Fakultät im Fachbereich Pastoraltheologie gearbeitet hat. Ihre Abteilung ist ein internationales Zentrum für wissenschaftliche Literatur, historische und aktuelle Dokumentation und für akademische Ausbildung in der feministischen Theologie. Veröffentlichungen: (Hrsg.) Wenn Frauen ans Wort kommen – Stimmen zur feministischen Theologie, 1979; Gott hat nicht nur starke Söhne – Grundzüge einer feministischen Theologie, 1980; (Hrsg.) Op Water en Brood, Ten Have, Baarn 1981; Viele Artikel u. a. in der internationalen theologischen Zeitschrift „Concilium".

Ohnmacht und Übermacht werden abgelegt werden

Geboren wurde ich in einem kleinen Ort in den Niederlanden in der Nähe von Rotterdam; einem Ort, dessen Charakter überwiegend von einer ziemlich orthodoxen reformierten Bevölkerungsgruppe bestimmt wurde. Obwohl Protestanten und Katholiken wenig miteinander umgingen – wir „Katholenkinder" wurden auf dem Weg zu unserer katholischen Schule ausgepfiffen –, entstand in mir schon damals wie selbstverständlich das Interesse an einer ökumenischen Annäherung. Später habe ich jahrelang in der ökumenischen Bewegung meines Landes aktiv mitgearbeitet.

Die Familie, aus der ich komme, war durch und durch katholisch, und zwar auf eine Art, die mich positiv beeinflußt hat. Die Kirche stand im Mittelpunkt; mein Vater hatte darin eine Reihe von Aufgaben übernommen, meine Mutter hatte einen einfachen kindlichen, aber bärenstarken Glauben, der ihr die Kraft gab, zu leben und die schweren Jahre ihrer Witwenschaft durchzustehen. Mein Vater starb, als ich – die Jüngste von drei Mädchen – 10 Jahre alt war. Die Wirtschaftskrise hatte gerade angefangen, und danach hatten wir den Krieg zu überstehen; meine älteste Schwester war nach acht Jahren Krankenlager gestorben. Nach der Befreiung 1945 kündigte sich der Tod meiner Mutter an. Ich denke daher nicht an eine frohe und sorglose Jugend zurück, sondern an schwierige Zeiten, die wir zu meistern hatten.

Von Kind an haben Religion und Kirche eine große Rolle in meinem Leben gespielt; sie tun es immer noch – wenn auch auf eine ganz andere Art. Religion ist für mich zuerst und sehr grundlegend das Erlebnis der Geborgenheit gewesen, die Erfahrung eines Mysteriums und auch einer Poesie, die mein Herz erfüllte. Zuhause und in der Kirche schmückten ständig Blumen und Kerzen die Heiligenbilder, je nach Fest oder Monat. Vor allem die Prozessionen in der Kirche konnten mir die Tränen in die Augen treiben, wenn das Allerheiligste umhergetragen wurde, der Weihrauch aufstieg, die lateinischen Gesänge erklangen und die Altarschellen geläutet wurden: der Himmel auf Erden . . .

Aber ich hatte auch ein starkes Interesse an der Religion

als solcher und las gerne darüber, vor allem während der sechs Jahre, als ich ein Gymnasium in Rotterdam besuchte. Hier liegt die Wurzel meines theologischen Interesses, das immer wach geblieben ist. Was ich aus meiner Jugend auch noch genau weiß, ist dies: Ich konnte nur dann echt, persönlich und authentisch beten, wenn ich glücklich, froh und dankbar war, so daß ich in diese beinahe kosmischen Erfahrungen Gott miteinbeziehen konnte. Ich habe nie so etwas wie ein flehendes Bittgebet von innen heraus beten können, weil ich – so denke ich – Gott im Innersten nie als eine große sorgende und regelnde Instanz erlebt habe. Im Gegenteil: ich spürte viel stärker den Aufruf zum verantwortlichen Handeln als zur Einkehr und Beschaulichkeit. Vielleicht ist der frühe Verlust meines Vaters, der für mich das Symbol für das „große" Leben und für Lebensenergie war, ein Grund dafür gewesen, daß ich schon so früh ein so starkes Verantwortungsbewußtsein gespürt habe, eine große Dosis an Willenskraft und Durchsetzungsvermögen. In die Sprache des Glaubens übersetzt: Ich mußte eher das meiste selbst tun, als daß ich glauben konnte, daß Gott es schon schicken würde . . . Das Gefühl von Verantwortung war stärker als das Gefühl der Dankbarkeit für das, was mir geschenkt wurde.

Aber die religiösen Erfahrungen, vor allem in der Liturgie, sind mir immer lebendig geblieben. Sie bedeuteten eine Oase für mich, ein Gefühl, hinausgehoben zu werden, sie sind für mich Harmonie, Frieden und Heilung. Das „liturgische Jahr" ließ mich das Zyklische in unserer Existenz erleben und brachte Ordnung in mein Leben.

In meiner Studentenzeit in Leiden, erst nach dem Krieg, gab es eine erste entscheidende Wende in meiner Bewußtwerdung: ich wurde im Leben und im Glauben erwachsen. Nach dem Grauen des Krieges entstand neuer Lebensraum, in dem eine bessere Welt aufgebaut werden sollte.

Eine idealistische Generation waren wir in den fünfziger Jahren. Und eine optimistische Kirche wurden wir um das Jahr sechzig herum während der Vorbereitungen zum Zweiten Vatikanischen Konzil und dann während seines Verlaufs.

Alles schien damals noch möglich, und für mich äußerte sich diese Überzeugung in Sorge um zwei Gebiete:

– die Eigenverantwortung von uns Laien in einer Kirche, die notwendigerweise entklerikalisiert werden mußte,

– und dann, darüber hinaus, der Rückstand der Frauen, den wir – auch in allen Laiengruppierungen – entdeckten und dessen Ausmaß uns erst bewußt wurde; wie sehr wurden Frauen abhängig und unsichtbar gemacht – in unserer Gesellschaft, am meisten aber noch in unserer männlich dominierten hierarchischen katholischen Kirche!

Diese beiden Sorgen kamen einander eigentlich schon bald recht nahe und wurden zwei Ströme, die auf die Dauer *eine* breite Strömung geworden sind und die wir mit einer verschleiernden, in die Irre führenden Bezeichnung „die Frauenfrage" genannt haben. Denn diese Bezeichnung stimmt natürlich nicht. Vielmehr entdeckten wir die riesige Problematik der Vermännlichung unserer westlichen Kultur, unserer Gottesbilder, unserer Religion und unserer Kirchen- und Glaubensstrukturen.

Inzwischen hatte ich geheiratet; wir hatten drei Kinder bekommen, die in einer offenen Ehe und Familie aufwuchsen. Für meine Aktivität war das nicht genug; ich wurde Konrektorin einer neuen Ausbildung für Laien in der Seelsorge und beschloß damals endlich, Theologie zu studieren. (Vor 1964 war es für katholische Laien in den Niederlanden nahezu unmöglich, an einer Fakultät katholische Theologie zu studieren.) Ich schien ein pastorales Herz zu haben und wurde darum als pastorale Supervisorin ausgebildet, d. h. ich hatte mit Studenten der Pastoraltheologie zu arbeiten und sie zu begleiten, so daß sie ihren persönlichen Glauben, ihre Theologie und ihre seelsorgerischen Fähigkeiten so fruchtbar wie möglich in der Praxis ausbauen und sie in diese einbringen konnten. Diese Periode habe ich als sehr bereichernd erfahren: pastoral engagierten Menschen helfen zu dürfen, ihnen beizubringen, ihren Erfahrungen und Gefühlen näher zu kommen und ihren Glauben – im weitesten Sinne des Wortes – in den Dienst für andere zu stellen. In den Supervisionssitzungen war ich oft bewegt davon, wie sehr der Geist über uns und zwischen uns zu spüren war, so daß eine Ruhe und Klärung zustandekam, die mehr war als das Ergebnis unseres Gespräches. Das Gespräch war so fruchtbar, daß neues Leben entstehen konnte: die „heilige Geistin" als Geburtshelferin! (Wir wissen, daß „Geist" früher in den semitischen Sprachen mit einem Wort weiblichen Geschlechtes, ruach, benannt wurde.)

Eine andere Erfahrung, die ich von diesen Jahren zurückbehalten habe, war viel doppeldeutiger: Ich gab in diesen Jahren ab und zu auch pastorale Kurse (trainings) für Priester und Pastoralassistent(inn)en und empfand meine Position manchmal als recht merkwürdig und als widersprüchlich. Dagegen rebellierte ich: Ich „durfte" Priestern in unserer Kirche zwar beistehen auf ihrem Weg zu einer ausgeglichenen, pastoralen und menschlichen Identität; aber ich „durfte" nicht – so wollte es die Lehrautorität dieser gleichen Kirche – selbst Priester werden. Eine eigenartige Situation . . . Bis dahin hatte ich es in meiner gesamten Arbeit in der (noch) traditionellen Frauenbewegung vor allem darauf abgesehen, den Frauen die moderne Zeit näher zu bringen, ihr Gesichtsfeld zu erweitern und dazu beizutragen, daß sie ihre reichen, manchmal aber noch nicht entdeckten Möglichkeiten entwickeln konnten. Kurz, ich glaubte noch – in unbewußter Naivität –, daß, wenn Frauen sich emanzipieren, dann auch in der Kirche von selbst eine Zusammenarbeit von Frauen und Männern entstehen würde: die Männer – Priester und Laien – würden schon Platz machen und „abgeben“. Und Frauen würden endlich ihren konstruktiven Beitrag einbringen – nicht nur im Wohnzimmer, sondern auch im größeren Ganzen. In den späten Sechzigern glaubte ich auch noch fest, das Zweite Vatikanische Konzil sei konkret ins Niederländische zu übersetzen: durch das Pastoralkonzil. Kurz: Aktivität, Optimismus und Orientierung nach „draußen“.

Um 1970 herum stürzte eine Welt für mich ein . . . An allen Fronten, sowohl in meinem persönlichen Leben als auch in den verschiedenen Strukturen, in denen ich arbeitete, hatte ich mich intensiv eingesetzt, spürte dabei aber ständig Gefühle des Unbehagens, erst noch vage, später deutlicher und in zunehmendem Maß. Es gab doch immer wieder eine Übermacht von Männern, autoritäre und nicht-autoritäre, nach denen ich mich als einzige Frau in einer Kommission, in einem Rat und wo auch immer zu fügen hatte. Ich lebte viel zu sehr auf Grund von Bedingungen, die andere mir gesetzt hatten, entfremdete mich von meinen eigenen Intentionen und fühlte mich auf eine zerstörerische Weise abhängig. Weil ich selbst eine gute und gründliche Ausbildung zur Supervisorin genossen hatte, hatte ich den Mut erlernt, in mein Herz zu sehen. Ich mußte sowohl in den Strukturen meines persönlichen Lebens als auch in denen der Kirche zu einschneidenden Veränderungen kommen. Ich meine damit nicht nur eine psychologische Kategorie, sondern ganz entschieden auch ein Glaubensmoment: mein tiefstes Selbst, den Grund meiner Existenz, die tragende Kraft, die wir Gott nennen und nicht in Bildern einfangen können.

Diese Wende von draußen nach drinnen, die natürlich

nicht schnell abläuft, sondern sich in einem Prozeß entwikkelt, hat es mir wohl möglich gemacht, auch den Übergang von der Emanzipation zum Feminismus auf eine ruhige Art und Weise zu verarbeiten. Ich hatte entdeckt, wie sehr wir Frauen noch zu kämpfen haben gegen die patriarchalischen Strukturen und wie sehr wir uns dabei immer wieder die Köpfe einrennen, wenn wir nicht klar erkennen, was los ist. Immer noch bestimmt die Kirche durch ihre Theologen, ihre Amtsträger und die kirchliche Lehrautorität von vornherein, wer „die Frau“ ist, was sie darf und was sie nicht darf und wie sie ihr Leben einzurichten hat. Es ist meine Überzeugung, daß wir erst diese Situation durchschauen müssen, bevor wir wirklich fruchtbringend und konstruktiv den Raum einnehmen können, auf den wir ein Recht haben, auf den jede(r) Gläubige ein Recht hat, ob Frau oder Mann, arm oder reich, schwarz oder weiß. Frauen haben sich die Sinngebung ihres Lebens und alles dessen, was darin geschieht, abnehmen lassen, haben sich Schweigen auferlegen lassen, wurden unsichtbar gemacht und glaubten – als Folge von allem dem – jetzt auch selbst kaum noch, wer sie sind und welche Möglichkeiten ihnen geschenkt sind. Wir haben erst den Übergang, die Bekehrung von der Fremdbestimmung zur Selbstfindung durchzumachen, zum Glauben an uns selbst, wenn wir nicht verbittert und frustriert, enttäuscht und gelähmt werden wollen.

Je stärker die Strukturen, je dominierender die Machthaber sind, umso stärker werden die Reaktionen der Frauen darauf, die dagegen aufstehen. Oft, wenn ich irgendwo in Deutschland bin, um einen Vortrag oder ein Seminar zu halten, spüre ich die Frustration der Frauen bis auf die Knochen selber mit; aber im Lauf der letzten zehn Jahre haben auch viele Frauen die Kirche verlassen, wütend oder gleichgültig.

Aus eigener Erfahrung wage ich hier zu sagen, daß Frauen, die kritisch und bewußt geworden sind, ihre Aufständigkeit erst dann fruchtbar durchhalten können, wenn sie auf eigenem Fundament, aus ihren Wurzeln leben können; wenn sie sich nicht länger Diktate auferlegen lassen, sondern mit eigener Lebenskraft aus der eigenen Mitte heraus leben und arbeiten.

Feminismus ist darum, meiner Überzeugung nach, zuerst eine Wende, ein Aufbruch nach innen, zu dieser eigenen Mitte; in Glaubenserfahrungen ausgedrückt: man kann nur auf eine reife, erwachsene Art an Gott glauben, wenn man auch an sich selbst glauben kann; der Geist kann nur kreativ und inspirierend wirken, wenn man die Ruhe, den Freiraum und die Stille kennt, die es möglich machen, auf das leise Sprechen des Geistes Gottes *in* einem zu hören. Wirklich glauben entfremdet einen nicht von sich selbst, im Gegenteil: es bringt einen mehr zu sich selbst und zu Gott.

Feminismus ruft viel Widerstand hervor, weil er sich so oft aggressiv und polarisierend zeigt. Aber wir müssen diese Haltung dann wohl als ein Symptom sehen für ein viel ernsteres Übel, für eine viel ernstere Krankheit. Eine Gehorsamkeitskultur und eine autoritäre und einseitige Struktur der Kirche (die doch Liebe, Barmherzigkeit und Gerechtigkeit verkündigen muß) sind mit die Ursache dafür, daß die Reaktionen selbständig gewordener Frauen so extrem sein können, so reaktiv und sogar destruktiv. Ich bewundere dieses Symptom keineswegs, weise aber zunächst auf das ursächliche Übel hin, dessen man sich erst bewußt werden muß. Ein solcher Feminismus ist im Grunde eine Folge des Männlichkeitswahns.

Es bleibt schwierig, als einzige Frau an einer theologischen Fakultät zu arbeiten und in einer Männerkirche ruhig, klar und gläubig „ich selbst“ zu sein. Doch sehe ich da nicht nur einen persönlichen Prozeß (den ich selbst durchgemacht habe und noch täglich durchmache), sondern auch ein überpersönliches Problem. Was mich jeden Tag wieder aufs Neue überrascht, bewegt, aber auch stark beunruhigt, ist die Menge an Briefen und anderen Kontakten, in denen sich Frauen über dieselben Dinge äußern, die erstarrte Haltung kirchlicher Autoritätspersonen anklagen und sich verzweifelt fragen, ob sie es in diesem Spannungsfeld noch lange werden aushalten können. Es ist nicht so sehr ein Mangel an Glauben bei ihnen selbst, was diese Frauen quält, sondern ein Mangel an Glaubwürdigkeit der Form von Kirche, die ihnen auf ihrem Lebensweg begegnet. Vielleicht wird mir die Darlegung dieser Problematik in diesem Buch nicht dankbar abgenommen; aber ich fühle, daß ich sie zur Sprache bringen muß, weil sonst ein reicher Schatz an Lebens- und Glaubenserfahrungen von Frauen verschwiegen würde.

Natürlich sind die Unterschiede zwischen Frauen groß, und selbstverständlich fühlt auch die eine den Schmerz viel stärker als die andere. Es gibt zudem ja auch noch die Generationsunterschiede, die die Verwirrung noch größer machen. Frauen, die Mütter heranwachsender Kinder sind, wollen so gerne eine lebendige Tradition weitergeben, keine erstarrte. Sie wollen so gerne, daß auch ihre Töchter noch den Reichtum des Evangeliums entdecken, und sie wollen ihnen darum nahe sein. Sie leiden doppelt, wenn sie sehen, daß die Töchter schon lange fortgezogen sind und daß die Kirche ihnen nicht entgegenkommt oder sie einlädt, Verantwortung zu übernehmen und bessere Weisen des Lebens in der Kirche und für sich selbst zu finden.

Natürlich gibt es auch zahllose Frauen, die überhaupt keine Probleme haben und sich noch zufrieden einfügen in das bestehende Glaubens- und Kirchensystem. Bis auch ihre Töchter das Vertrauen in die Kirche kündigen . . .

Der Kummer über den zunehmenden Graben zwischen den Frauen und der Kirche bedrängt mich und drängt mich, das auszusprechen. Dies alles hat mit meinem persönlichen Glaubens- und Kirchenerleben zu tun. Einerseits appelliert es an das Beste in mir selbst: an meinen Einsatz, daran zu arbeiten, daß dieser Graben zugeschüttet wird, eine befreiende Theologie zu lehren und miteinander verbunden zu sein in einer Schwesterlichkeit, die alle Entrechteten umfaßt. Aber auf der anderen Seite scheint es manchmal so entmutigend, dennoch weiterzumachen, sinkt mir der Mut und denke ich: was mache ich in Gottesnamen (ja, wörtlich!) hier bloß? Ich werde so ungeheuer müde davon, dieses Spannungsfeld auszuhalten: der ideologische Feminismus ignoriert mich, weil ich noch zur Kirche gehören will, und es kann mir passieren, daß die offizielle Kirche dasselbe tun wird, weil ich mich selbst Feministin nenne. Der Aufbruch nach „innen“ ist so reich für mich gewesen, daß ich mich frage: sollte ich nicht besser bloß noch drinnen bleiben, mein Herz mit Meditationen erquicken, mit der Schönheit der Natur und der Kunst . . .

Aber wir sind dazu aufgerufen, einander Hirten zu sein. So fühle ich mich dann doch wieder berufen (ja, wörtlich), dieser Versuchung zu widerstehen. Uns ist ja zugesagt, daß unser Glaube Berge versetzen kann, also auch Steinfelsen! So pendele ich hin und her zwischen „drinnen“ und „draußen“, zwischen Geborgenheit und Herausforderung, zwischen *Wort* und *Antwort;* zwischen Frauenkampf und Freiraum für den Geist und für die durch ihn gewirkte Neuschaffung der Kirche.

Wir müssen uns darüber klar werden, daß der existentielle Aufbruch und die Suche von Frauen nach Befreiung auch religiöse Komponenten hat, auch über die Kirchlichkeit hinaus. Wenn Frauen nicht mehr an die Kirche glauben können, wenn sie sich auch vom christlichen Glauben entfremdet haben, dann bedeutet das noch nicht, daß sie keine religiösen Erfahrungen haben. Gerade ihre ehrliche Mühe um die Tiefe ihrer Existenz und um eine Sinngebung ihrer Weiblichkeit, um ihre Sexualität und um ihren Lebensentwurf, der Verantwortungen einschließt, macht sie offen und sensibel für Kommunikation, auch für den Austausch ihrer kosmischen Erlebnisse. Sie fühlen sich als Teil eines größeren Ganzen.

Wenn ich zum Schluß zurückschaue, wie mein Weg bis jetzt verlaufen ist, dann sehe ich einen Zusammenhang zwischen den verschiedenen Phasen meines Lebens, keinen Bruch. Ich glaube immer noch an Gott, aber nicht so sehr über oder außerhalb von mir, sondern an Gottes Geist in mir und zwischen uns Menschen. Ich glaube an die Kraft der Tradition, nicht aber an einen unerschütterlichen Block von versteinerten Formeln, vielmehr an einen sich entfaltenden Prozeß, bei dem wir einander das weitergeben, was wesentlich für die jeweilige Zeit, für den jeweiligen Kontext, für die gegenwärtige Situation ist. – Ich glaube an die prophetische Kraft der Frauenbewegung, insofern sie eine authentische Problematik aufwirft und nicht nur auf eigene Befreiung hinaus will, sondern auf die Erlösung von allen Übeln. – Ich glaube an das Reich Gottes, das uns versprochen ist, ein Reich der Gerechtigkeit und des Friedens. Wir Menschen sind es, die dafür den Raum schaffen müssen, und im christlichen Feminismus sehe ich eine unentbehrliche Bewegung, die dazu wesentlich beiträgt. Ich sehe eine neue Ökumene entstehen zwischen westlicher und östlicher Spiritualität, in der „männlich“ und „weiblich“ einander vielleicht auf eine reichere und tiefere Weise vermenschlichen können. Ich glaube bedingungslos an die Notwendigkeit und an die Kraft der communio, der Gemeinschaft im Glauben, im Kleinen wie im Großen, wenn sie mit gegründet ist auf und möglich gemacht wird durch Kommunikation. Das bedeutet: wirklich aufeinander zu hören, ohne Vorurteile oder Angst; einander verstehen zu wollen dadurch, daß man sich gegenseitig den Freiraum gibt, sich äußern zu können. Männer werden in unserer Kultur lernen müssen, *zuzuhören,* und Frauen werden lernen müssen, zu *sprechen.* Dann kann das eigentliche Gespräch zwischen den Geschlechtern seinen Anfang nehmen. Sowohl die Übermacht als auch die Ohnmacht werden dann abgelegt werden können.

Aus dem Niederländischen von Martina Heinrichs

CAMILLA HÄRLIN, geboren 1913 in Regensburg, Studium in Oxford (Sozialwissenschaften und Religionsphilosophie), Verlagstätigkeit, 1939 Heirat, fünf Kinder. 1960 nach dem Tod des Mannes freie Journalistin, Mitarbeiterin in der kath. Erwachsenenbildung. Mitglied des SDR-Rundfunkrates und des Programmbeirats ARD. Versch. Veröffentlichungen zu familienpädagogischen und sozialpolitischen Themen, u.a. „Partner Frau“, „Der isolierte Mensch“. Lebt in Stuttgart.

Wer nur anklagt, lebt nicht mit dem Glauben

Glaube lebt aus der Gemeinschaft. In einer solchen, damals fraglosen Gemeinschaft bin ich aufgewachsen. Muß ich mich nun aus dieser Gemeinschaft lösen, weil sie mir zur Frage der Gleichstellung der Frauen nicht entgegenkommt, sondern im Gegenteil viele Prügel in den Weg legte und noch legt? Oder bin ich dieser Gemeinschaft durch meinen Glauben so verbunden, daß es *meine* Aufgabe sein sollte, mitzuhelfen, solche Prügel aus dem Weg zu räumen? Karl Rahner formulierte es so: „Wer nur anklagt, lebt nicht mit dem Glauben, wer davonläuft, kann nicht damit rechnen, daß er den Glauben gerettet hat."

Was für soziales Verhalten gilt, daß nämlich die Einbettung in eine ganz bestimmte, ziemlich genau zu definierende Umwelt Sicherheit gibt, gilt ebenso für den Glauben. Glaube läßt sich nicht theoretisch vermitteln, sondern nur durch Personen. Wenn ich überlege, wer die Grundlagen für meinen Glauben legte, so stoße ich nicht auf Männer, sondern auf Frauen. Die Mutter, Verwandte, die Großmutter vor allem, Erzieherinnen in Kindergarten und Schule, später Nonnen im Internat standen am Beginn. Das ist wohl eine allgemein gültige Erfahrung, man denkt aber nur selten darüber nach. Aus meiner Biographie heraus wuchs *mein* Glaube unabhängig von männlicher Beeinflussung. Erst spät entdeckte ich, daß offiziell die Männer unseren Glauben „hüten". Glaube hatte bei mir nie etwas zu tun mit dem Befolgen der (von Männern) uns auferlegten Kirchengebote, wie dem früher geltenden Freitagsgebot oder dem Gebot der Teilnahme am sonntäglichen Gottesdienst. Ich konnte solchen Gehorsam nicht als Kriterium dafür ansehen, daß ich eine „gläubige Katholikin" war. Unter dem Einfluß meiner Umgebung habe ich sie zwar befolgt, aber letzten Endes entscheide ich solche Fragen seit langem allein für mich. Wobei, analog zu meiner eigenen Glaubensprägung, das gute Beispiel, das von mir erwartet wird, natürlich eine Rolle spielt. Also: Glaube an die Geborgenheit in Gott, wie immer man diesen Gott im Ablauf eines Lebens zu begreifen sucht: ja. Glaube an männlich geprägte kirchliche Instruktionen: nein.

Selbstverständlich muß es die wissenschaftlich fundierte Theologie geben. Ihre Darlegung, meist vom Podest einer Kanzel oder eines Lehrstuhls herab, ergibt jedoch noch kein Quentchen Glauben. Vielleicht gelänge das mit Hilfe einer neuen, lebensnahen Sprache? Ansätze dazu gibt es ja, zu spät für mich. *Ich* lebe in einem recht unreflektierten Glauben; um mit Matthias Claudius zu sprechen: „Das Brot der Theologie ist schwer zu essen für den, der naiv glauben möchte." Ich meine, Gott verlange von mir nicht mehr in Richtung profunder Glaubenserkenntnis, als das, wozu ich fähig bin. Er ist, so glaube ich, unverfügbar für uns Menschen, deshalb versuche ich in dieser Richtung nichts zu erzwingen.

Die Hemmschwelle, über derlei zu sprechen, ist hoch. Man möchte nicht ungeschützt von der eigenen Beziehung zu Gott reden, man möchte sich auch nicht schwach oder unsicher zeigen. Man möchte gewiß sein, daß ein Gesprächspartner versteht, was mit Glauben gemeint ist und findet doch die rechten Worte nicht.

Glaube bedeutet für mich zweierlei: *mit* Gott und *von* Gott sprechen können. Letzteres bereitet mir Schwierigkeiten. Direkt von Gott zu sprechen jagt dem anderen Schauder über den Rücken. „Wie kann man nur . . .", sofern man nämlich nicht als einer der amtlichen Hüter zu erkennen ist. Man sollte Gott doch nicht so unmittelbar ins tägliche Leben einbeziehen, heißt es. Soll ich eine Entscheidung treffen, so sage ich zuweilen: „Das entscheidet der Liebe Gott für mich", ich bitte ihn aber auch um einen Parkplatz, damit ich ihn nicht durch mein Zuspätkommen zu einem Vortrag etwa blamiere. Vielen, ich sehe das an ihren perplexen Gesichtern, an ihrem spöttischen Lächeln, ist das reine Torheit, gar Blasphemie.

Schon vor meiner Heirat mit einem liberal gesinnten Protestanten, vor allem aber gleich danach, merkte ich, daß ich den eigenen Glauben bisher nicht wirklich durchdacht hatte. Das mußte sich nun ändern. Ich hatte bis dahin akzeptiert, was man mir vorsetzte, nun war ich gezwungen, selbständig nachzudenken. Einmal – ich erinnere mich jeder Einzelheit dieses Gesprächs an einem Wiener Kaffeehaus-Tisch – versuchte ich, meinem Mann, unbeschwert von theologischen Feinheiten, meine Erfahrungen mit Gottes Freundschaft als einem wunderbaren Geschenk zu verdeutlichen, einem Geschenk des Gottes, wie *ich* ihn erfahre. Er erwiderte, bislang sei ihm Gott von Theologen ganz anders dargestellt worden, so, daß Angst entstand und nicht Geborgenheit. Nun hoffe er, Zugang zu finden zu den aufmerksamen, unerwarteten Überraschungen Gottes, von denen man in den offiziellen Kirchen so selten etwas zu hören bekäme. Der Schutz Gottes war ihm vor allem während des Krieges gegenwärtig; ich konnte das später in seinen Briefen nachlesen. Aber er hat ihn immer auch mit meiner Person, sozusagen als der Mittlerin durch mein Gebet, verbunden. Zum Beispiel: Zwei Tage vor seinem Tod im Krankenhaus, an einem Pfingstmontag, erhielt er per Eilboten sieben gelbe Rosen in dem Augenblick zugestellt, als aus dem Radio das „Veni Sancte Spiritus“ erklang, das wir zusammen als Novene gebetet hatten. Der ferne Absender war uns kaum bekannt. Als ich kam, berichtete er es mir: „Du siehst, es wird alles gut gehen.“ Gott hatte uns in beglückender Weise unseren Weg gezeigt.

Glauben und Gottvertrauen gehören für mich zusammen, und dazu gehört auch, solche Aufmerksamkeiten Gottes als Wegweisungen und Hilfe zu bemerken. Wer versucht, darauf zu achten, weiß sich einfach geborgen, auch in ganz schwierigen Zeiten. Wie schlägt sich nun dieser persönliche Glaube Gottes in meinen Lebenserfahrungen nieder? Wie kann, wie möchte, wie sollte ich ihn weitergeben? Denn darauf hat Gott als mein Glaubenspartner ja Anspruch.

Nochmals möchte ich Karl Rahner zitieren, in dessen Aussage ich meine Situation wiederfinde. „Die Kirche“, so schreibt er, „trug uns, sie brauchte nicht von uns getragen zu werden. Heute ist dies, und zwar auch für unsere Spiritualität, anders ... Wir erfahren eine Kirche innerer Spannungen und Zerwürfnisse, wir fühlen uns in der Kirche belastet ... Die Kirche kann auch für die Spiritualität des einzelnen eine bedrückende Last sein durch Doktrinalismus, Legalismus und Ritualismus, zu denen die eigentliche Spiritualität, so sie ursprünglich und echt ist, kein positives Verhältnis haben kann ... Könnte nicht die Spiritualität der Zukunft die einer höheren zweiten Naivität in weiser Geduld sein, die dadurch und darin kirchlich ist, daß sie die Armseligkeit und Unzulänglichkeit der Kirche selbstverständlich mitträgt, mitausleidet und *so* kirchlich ist? ... Aber Kirchlichkeit wird auch in Zukunft ein unerläßlich notwendiges Kriterium für echte Spiritualität sein; die Geduld mit der Knechtsgestalt der Kirche ist auch in Zukunft ein unerläßlicher Weg in die Freiheit Gottes, weil, wo dieser Weg nicht begangen wird, man schließlich doch nur bei der Beliebigkeit seiner eigenen Meinung und seines eigenen, in sich selbst egoistisch verfangenen Lebens ankäme."

Im Laufe der Zeit fielen mir allerlei Funktionen inner- und außerhalb des kirchlichen Dienstes zu; ich habe versucht, sie mit Überzeugung zu erfüllen. Als Schreibende befaßte ich mich mit allgemeinen Frauenfragen, auch mit der Stellung der Frauen in der Kirche. Vorträge brachten mich mit vielen verschiedenartigen Menschen zusammen; später war ich fest in kirchlichen Diensten in der Erwachsenenbildung tätig. Zuletzt und bis heute vertrete ich im Aufsichtsgremium einer Rundfunkanstalt katholische Frauen. Aus diesen Bereichen stammen meine Erfahrungen. Ein recht zufälliger, von keinerlei Ambitionen organisierter Lebenslauf, könnte man sagen. Ich war einfach immer wieder neugierig bei neuen Anfragen, die ich dann ein wenig einfältig-naiv als *das* annahm, was Gott mir anscheinend zu eben diesem Augenblick meines Lebens anbieten wollte.

Mit Theologiestudenten machte ich einmal ein brainstorming. Sie sollten rasch aufschreiben, wann sie mit einem weiblichen Wesen von 10, von 20, von 30 bis hinauf zu 90 Jahren das letzte Mal gesprochen hatten. (Ich prüfe mich selbst manchmal in umgekehrter Form auf meine eigene Glaubwürdigkeit.) Die Betroffenheit war damals, Ende der sechziger Jahre, groß. Es gab nachdenkliche, offene Gespräche. Dennoch fürchte ich, daß innerkirchlich die längst noch nicht vollzogene Gleichstellung und Gleicheinschätzung von Männern und Frauen selten als bedrängendes Manko empfunden wird. Eigentlich sind die Geistlichen, die uns lehren zu sagen: „Kirche, das sind doch wir alle" – froh, unter sich zu sein. Mein Eindruck ist, daß man sich dafür allenfalls nach außen hin engagiert, ohne innere Überzeugung. Meine Erfahrung in der Erwachsenenbildung: bestimmte Randgruppen wie Witwen, alleinerziehende Mütter, geschiedene Frauen sprechen leichter mit einer Frau als mit einem Pfarrer. Ich habe nach Möglichkeit versucht zu vermitteln, daß im Glauben helfende Kräfte liegen, um das Leben trotz aller Mühsal zu meistern, die man gerade als Frau zuweilen trägt. Ich merkte, daß sie mir, als einer selbst Betroffenen, das leichter glauben können. So erfuhr ich, daß hier ein winziges Stück Glaubensvermittlung verantwortlich in *meine* (weibliche) Hand gelegt war, und ich entdeckte, wie Gott mich dafür vorbereitet hatte.

Ich meine auch, daß es für Frauen, die in der Kirche arbeiten, wichtig wäre, sich stärker als bisher untereinander auszutauschen, um ihren spezifischen Anteil besser zur Geltung zu bringen. Leider findet man nicht selten statt dessen kleinliche Rivalitäten. Vielleicht ist dies ein Überbleibsel aus Zeiten, in denen Frauen sich um die Gunst ihrer geistlichen Vorgesetzten bewarben, indem sie einander ausstachen? Das passiert natürlich anderswo auch, aber muß es denn in der Kirche so sein? „Was muß nun eine Frau tun, um sich zu behaupten? Natürlich kann sie sich anpassen . . ., denn Männer haben unheimlich gern Protektionskinder, auf deren Bewunderung sie sich verlassen können.“ So hat es einmal eine Rundfunkjournalistin für ihren Arbeitsbereich ausgedrückt.

Dann steht man also, innerkirchlich durchaus mit Schwierigkeiten aller und zumeist unnötiger Art sich auseinandersetzend, als Vertreterin dieser Kirche an irgend einem Platz. Ich meine, es sei ein wichtiges Stück Dienst für die Kirche, sich dort glaubwürdig zu verhalten, selbstverständlich mitzuarbeiten, auch ohne den Stempel eines kirchlichen Amtsträgers. Seltsam, daß nach meinen Erfahrungen die Erwartungen an eine kirchlich gebundene Frau recht hoch sind: Erwartungen, was die persönliche Integrität betrifft, die Glaubwürdigkeit, das Engagement, den Informationsstand. Ich muß also danach trachten, Erwartungen positiver Art zu erfüllen und Vorurteile negativer Art zu entkräften. Darin liegt natürlich auch meine Chance. Was mich dann immer wieder betrübt und irritiert, ist die Erfahrung, daß ich aus *der* Hälfte meines Lebens, die sich in völlig unkirchlichen Kreisen abspielt, so wenig einbringen kann. Einfach, weil man das in der Organisation nicht für so wichtig hält; wohl auch, weil es zu unbequem ist. Aber wie, so frage ich mich, sollte es denn vermittelt werden, wenn nicht durch Frauen, die drinnen *und* draußen akzeptiert werden?

All das hat mich nun – der Liebe Gott paßt da schon auf! – bislang nicht in meinem Glauben wankend gemacht. Mich bedrängen andere Fragen.

Welche Möglichkeiten gibt es für gläubige Frauen, sachliche Kritik vorzubringen, Mut und Zivilcourage zu zeigen? Teresa von Avila könnte Vorbild sein; tiefste Gotteserfahrung und härteste Auseinandersetzung mit kirchlichen Mißständen vereinigten sich in ihrer – dennoch, oder gerade deshalb – so liebenswürdigen Persönlichkeit.

An überlastete Pfarrer kommt unsereins kaum zu einem wirklichen Gespräch heran. Die kirchlichen Manager jedoch gehen ihre eigenen Wege. Sie sitzen am grünen Tisch und halten sich für kompetent auch in Dingen, die sie nie selbst erfahren können. Oder wie soll ich's deuten, daß wir z. B. vor nicht allzu langer Zeit um einen solchen grünen Tisch saßen, sechzehn Männer und ich, und über Entwürfe berieten, wie pädagogische Konzepte in die Verkündigung aufgenommen werden sollten. Eigene familiäre Direkterfahrungen gab es dabei mit genau fünf Kindern – es waren die meinigen.

Ein anderes Thema, ebenfalls mit der Wahrnehmung von Wirklichkeit zusammenhängend: das gebrochene Verhältnis kirchlicher Stellen zur Öffentlichkeitsarbeit. Man will seine Autorität noch immer unter allen Umständen wahren und legt daher so wenig wie möglich offen dar. Immer wieder kommen auch Verlautbarungen zu spät, sind allzu vorsichtig formuliert, doppeldeutig, verwischt. Erfahrung einer Mutter: Menschen wirklich mündig werden zu lassen ist ein sehr schmerzlicher Prozeß für jene, die sich bislang in der Rolle der unangefochtenen Mentoren sahen. Er ist aber für Pfarrer gerade den Frauen gegenüber nicht zu umgehen, wenn man sie weiter in einer Kirche behalten will, von der sich vor allem junge zunehmend enttäuscht sehen.

Was ich persönlich in der Kirche oft erlebe, ist treffend geschildert in einem Artikel von Prof. Noelle-Neumann vom Mai 1981, in dem sie allgemeine Betrachtungen über gruppendynamische Prozesse anstellt: „Selbst wenn dominierende Gruppenmitglieder den anderen keinen Schaden zufügen wollen, ergibt sich nach gruppendynamischen Studien für die Minderheit eine Menge von Nachteilen. Wer zur Minderheit gehört, wird nicht als Individuum, als Person wahrgenommen, sondern als Prototyp der abweichenden Merkmalsträger. Er empfindet, daß er und seinesgleichen von den Dominierenden verzerrt angesehen werden und verwendet viel Kraft darauf, das ungewünscht angehängte Stereotyp durch sein Verhalten zu widerlegen. Er hat . . . in der Gruppe eine Alibifunktion, beeinflußt aber die Gruppe in ihren Überzeugungen und Verhaltensweisen nicht, eher im Gegenteil. Erst . . . wenn die Proportion der Minderheit etwa die 25%-Marke übersteigt, kann sie das Geschehen, die Regeln der Gruppe und ihre Ziele mitbestimmen. – Der Abweichende, der unter seiner sozialen Isolation leidet, versucht, die Barrieren zu überwinden. Er demonstriert Loyalität gegenüber der dominierenden Gruppe, um nicht allzusehr ausgeschlossen zu werden. Er identifiziert sich mit den Dominierenden in Eigenschaften und Einstellungen auch da, wo er von seinem Interesse her gegen die Majorität stehen müßte." Genau das erlebe ich. Deshalb reagiere ich schon allergisch, wenn es heißt: „Sehr verehrte Frau Härlin, liebe Mitbrüder!" – zur Mitschwester bringe ich es nie.

Zwei Erfahrungen kristallisieren sich mir heraus: Einmal: Wer für die Kirche arbeitet, muß sich darüber klar sein, daß man desto mehr an ihr leidet, je intensiver man sich einsetzt. Ich habe die Spannung zwischen frageloser Loyalität und unentwegtem, kritischem Sich-Reiben an dem, was einem an Enttäuschungen da begegnet, bis hin zu völliger Entmutigung, sehr schmerzlich empfunden. Ferner: Erst mit der Zeit erkannte ich, daß meine Arbeit im nichtkirchlichen Raum, in Gremien oder Gruppen, mich nicht nur als gläubige Frau ständig fordert, sondern daß ich diese meine Erfahrungen als Information in die

Kirche einzubringen habe, gelegen oder – meist – ungelegen. Das möchte ich als Dienst in und an der Kirche verstehen und, solange es mir möglich ist, betreiben.

Ein anderes allerdings ist es, daß man, in kirchlichen Diensten stehend, sich gefangen sieht in einer Welt, die mir heute noch so unbegreiflich erscheint wie am ersten Tag. Wenngleich ich einsehe, daß alles seine Ordnung haben muß und daß in Amtsstuben keine Charismatiker sitzen dürfen, weil es sonst chaotisch zuginge, kann ich mich damit einfach nicht abfinden. Ohne ganz persönliche Erfahrungen realisiert aber eine Frau das eben kaum. Die meisten Frauen verharren in einer überlieferten Haltung, entwickeln sich gut in Caritas und Seelsorgehilfe und freuen sich über einen väterlich-gütigen Dank für ihre Arbeit. Solange ihnen das genügt, wird sich kaum etwas ändern, warum auch?

Auf einem Kongreß für Pastoraltheologen Anfang der achtziger Jahre wurden die Erfahrungen heutiger Frauen mit der Kirche angesprochen. Die von Männern geleitete Institution stehe, so wurde dort gesagt, mit Frauen nicht im dringend nötigen Dialog. Vielleicht würde durch einen solchen Dialog ein immanentes Mißtrauen abgebaut, das wir übrigens auch in Berichten der Evangelisten finden. Lukas 24,11:„. . . aber sie hielten es für leeres Gerede und wollten den Frauen nicht glauben." Oder Markus 16,11: „Die Jünger hörten zwar, daß Jesus lebe und Maria ihn gesehen habe, aber sie glaubten ihr nicht." Sie glauben uns nicht, auch heutigentags noch kaum, sie geben ungern etwas in unsere Hände, sie sind ängstlich und unsicher uns gegenüber und wollen das verbergen; würden sie es zugeben, so täten sich beide Seiten leichter miteinander.

Jüngeren Frauen wird es gelingen, die Kontakte zwischen dem Klerus und sachkundig mitarbeitenden Frauen zu normalisieren. Was *ich* berichte, sind Beobachtungen einer Siebzigjährigen. Die Denkansätze Jüngerer sind, hoffentlich, anders; unbefangener, selbstverständlicher. Hat meine Generation Pionierarbeit geleistet, die demnächst überflüssig wird? Kürzlich haben Laien eines Diözesanausschusses ein Defizit in der Priesterausbildung festgestellt. Die Fähigkeiten zu Kommunikation, Kooperation und Delegation würden nicht genügend entwickelt, so stellten sie ohne Scheu fest. Einen solchen Ratschlag nimmt man inzwischen sicher ernst.

„Hilf uns, Herr, die Enttäuschungen, die wir einander bereiten, ertragen zu können"; das Gebet habe ich von einem Priester. Ich gebe es weiter. Wie oft habe denn *ich* den Erwartungen nicht entsprochen, die andere an mich stellen? An mich, weil sie mich für eine gläubige *und* emanzipierte Frau halten? Wie oft habe ich sie enttäuscht?

Laßt uns also dennoch Geduld miteinander haben! Aus gläubigem Gottvertrauen sollte sich doch ein ebenso unerschütterliches Vertrauen zueinander gewinnen lassen. Dann hätten wir eine Kirche als Gemeinschaft mündiger Christen in voller gegenseitiger Verantwortung füreinander, Frauen und Männer, Laien und Priester.

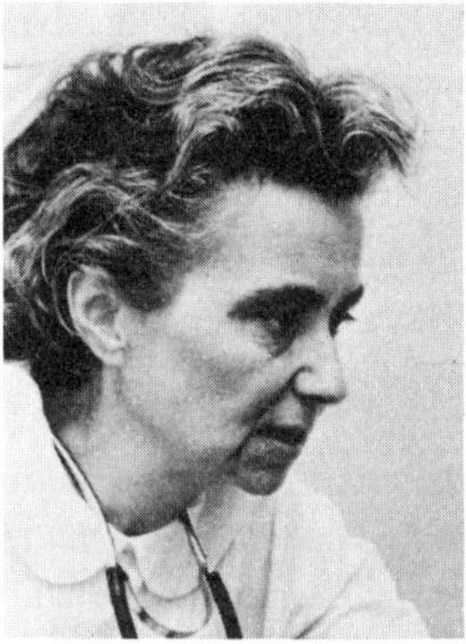

RUTH PFAU, Dr. med., geboren 1929 in Leipzig als Tochter eines Buchhändlers und Verlegers; die Eltern waren Mitglieder einer protestantischen Sekte; 1946 nach Westdeutschland, Studium der Medizin in Mainz und Marburg; 1951 getauft (protestantisch), 1956 Konversion zum Katholizismus; 1958 Eintritt in den Orden der Töchter vom Herzen Mariä (Mutterhaus in Paris, Regeln des hl. Ignatius); 1960 nach Pakistan, wo sie aus kleinsten Anfängen das Nationale Lepra-Bekämpfungsprogramm aufgebaut hat. Seit 1979 (ehrenamtliche) Beraterin der Pakistanischen Regierung in Lepra-Fragen. Lebt in Karachi.

Es war, wie wenn man seine große Liebe trifft

Ob rein humanitäre Gründe zur Sinnfindung für meine ärztliche Arbeit im mohammedanischen Pakistan ausgereicht hätten? *Nie.* Nie. Ich muß nicht nur lieben können, ich muß mich auch geliebt wissen. Auch dann noch geliebt, wenn alle Vernunftgründe dagegen sprechen.

Frau Dr. Pfau hatte gebeten, ihr zur Gliederung der Thematik Fragen zu stellen. Bei der leider notwendigen Kürzung des Manuskripts wurden diese dann wieder herausgenommen und in den Text eingearbeitet. So erklären sich die fehlenden Übergänge zwischen den einzelnen Gedanken des Textes.

Ich muß mich unsinnig, verrückt, radikal, total hingeben können – und wissen, daß ich ebenso unsinnig, verrückt und radikal angenommen bin. Wenn das für mich nicht existentiell erfahrene Wirklichkeit wäre, würde ich die Konsequenzen ziehen – für weniger als dieses würde sich das Leben nicht lohnen; die einzig logische Konsequenz wäre dann, endgültig auszusteigen.

Doch denke ich oft, daß mein Leben hier leichter ist, als es daheim gewesen wäre. Weil mich die Umstände hier zu so vielem einfach zwingen, was ich mir daheim selbst hätte abfordern müssen. Zur Geduld zum Beispiel, oder zum Teilen, oder zum Verständnis. Schon die Sprachschwierigkeiten zwingen zum Zuhören, zur Aufmerksamkeit auf die nicht-verbalen Ausdrucksformen des Gesprächspartners.

Diskriminierung als Frau? Gelegentlich, wenn auch nicht häufig. Wie damals in Larkana – die Ärzte der winzigen Kreisstadt hatten zum Abendessen eingeladen, und als ich aufkreuzte (einzige Dame und keinem der Herren bekannt), waren alle Sitzgelegenheiten schon eingenommen, und keiner machte Anstalten, aufzustehen und mir einen Stuhl anzubieten. Ich war zu verwirrt, um auch nur einen klaren Gedanken zu fassen, – als einer der Kollegen aufstand, um sich ein Glas Wasser einzuschenken. Und ich mir den Stuhl blitzartig eroberte, mich lässig darauf niederließ, Beine übereinandergeschlagen, und, unter den konsternierten Blicken aller Anwesenden, mich unschuldig an meinen Nachbarn wandte, als sei nichts geschehen: „. . . und in welcher Abteilung des Krankenhauses arbeiten Sie?“

In der Regel aber hat mir mein Geschlecht nur Vorteile eingetragen – wenn auch wohl nur in der Kombination Frau und Europäerin. Schon daß im öffentlichen Leben mit der Teilnahme von Frauen nicht gerechnet wird und daß deshalb dafür keine Vorkehrungen getroffen sind, hat sich als hilfreich erwiesen. Man konnte mich ja unmöglich im Vorzimmer mit den Männern warten lassen, also mußte ich gleich vorgelassen werden. Daß ich in jedem Kontakt mit irgendeinem Regierungsangestellten grundsätzlich als Frau einem Mann gegenübertrat, hat es mir vor allem erleichtert, in dieser so personenbezogenen Sozialstruktur mühelos mitzuspielen: nicht was Du weißt, zählt hier im öffentlichen Leben, sondern wen du kennst (und wer dich kennt). Alle wichtigen Etappen des Nationalen Leprabekämpfungsprogrammes in Pakistan sind dadurch möglich geworden, daß sich ein persönlicher Freund der Sache annahm.

Vielleicht müßte man noch eines hinzufügen (das aber einem Mann ebenso widerfahren wäre): die Faszination, die für meine muslimischen Gesprächspartner von meinen Gelübden ausging. Es kam in den Anfangsjahren durchaus vor, daß ich auf ein Regierungsbüro kam, mein Anliegen vortrug (etwa eine Einfuhrgenehmigung), und der Beamte schaute mich kurz an und fragte: „Sie sind Dr. Pfau?“, und wenn ich bejahte: „Ist es wahr, daß Sie ein Keuschheitsgelübde abgelegt haben?“ Die Tatsache, daß einem „die Offenbarung“ so fraglos, so lebensbestimmend wirklich ist, daß man dafür das Schönste im Leben leichtherzig hingeben konnte, machte tiefen Eindruck. Die Annahme, die mir widerfahren ist (und die ausländischen Experten gegenüber wahrhaftig nicht die Regel ist!, wenn auch das Gesetz der Gastfreundschaft in jedem Falle gilt), hing offenbar weitgehend damit zusammen, daß der Muslim die gemeinsame religiöse Existenzbasis verspürte, sich von daher verstanden fühlte und mich zu verstehen glaubte.

Ganz eindeutig hat das bei der Ernennung zum Berater der Zentralregierung eine Rolle, die Rolle, gespielt: schließlich sprach alles gegen mich, ich war Ausländerin, Christin, Ordensangehörige, Frau – und diese militant muslimische Militärregierung berief ausgerechnet diese

Kandidatin. Woher diese Wertschätzung? Das weiß ich mit Sicherhiet: aus der gemeinsamen Verankerung im Glauben. Die islamische Renaissance ist eine erregende Erfahrung – aber auch das würde ein Buch füllen.

Die Stellung der Frau im Islam und die Frage, wie man den pakistanischen Frauen zu einem Stück „Emanzipation" verhelfen könnte, ist ein immer wieder auftauchendes Grundproblem meiner Arbeit. Wir haben das Nationale Leprabekämpfungsprogramm, das heute mit einem Netz von Behandlungszentren und fliegenden Ambulanzen das ganze Land überzieht, aus winzigen Anfängen in einer Bretterhütte in einem der berüchtigsten Slumviertel der Hafenstadt Karachi aufgebaut. Aber wir erfassen in diesem Bekämpfungsprogramm nur zwei Drittel der Bevölkerung: Männer und Kinder – und die Mädchen auch hier nur bis zum 8., 10. Lebensjahr. Unsere (praktisch ausschließlich männlichen) Leprahelfer können die Frauen nicht untersuchen; ein gemischtes Team kann die Außenarbeit in den Dörfern nicht durchführen (das verstieße gegen jede Sitte), Mädchen allein können wir nicht einsetzen (dazu ist der Außendienst einfach zu gefahrvoll), und verheiratete Ehepaare kann man auch nicht anstellen – ein Pakistani dieser Gesellschaftsgruppe verliert sein Sozialprestige (und damit auch seine Wirkmöglichkeit in der Leprabekämpfung), wenn er seine Frau arbeiten läßt. So bleibt theoretisch nur der freiwillige Einsatz ausländischer Mädchen, und der ist sehr eingeschränkt durch Visum- und Reisebeschränkungen für Ausländer.

Es gibt Dinge, die darf ich nicht an mich herankommen lassen, wenn ich überleben will – und die Stellung der Frau ist eines davon. Im Außendienst fordere ich alle Privilegien, die einem Mann in dieser ausschließlichen Männergesellschaft zukommen – anders könnte ich es nicht packen. Die einzige Solidarität, der ich mich verweigert habe, ist die leibhaftige Solidarität mit den Frauen des Landes. Nachts in den Frauengemächern schlafen – Kinder auf, über, neben und zwischen einem – das eine muß aufs Klo, das andere hat Durst, den dritten juckt es – alle unter der gleichen verwanzten schmutzigen Steppdecke, . . . die Reste zu essen, die die Männer übriggelassen haben (und die Eßsitten eben dieser Männer auch noch zu kennen!) –, unter diesen Bedingungen kann ich nicht mehr arbeiten. Wenn die Hindus Recht haben und uns mehr als ein Leben zur Verfügung steht, werde ich das nächste in die Psychiatrie in Pakistan investieren – und das dritte in die Frauenemanzipationsbewegung im Lande. Wenn die Christen recht haben und dieses Leben das einzige ist, das mir gegeben ist, dann muß ich die Frauenfrage in Pakistan mit grimmiger Entschlossenheit dem Erbarmen Gottes überlassen: zu beidem – zum Kampf gegen die Lepra und zur Emanzipationsarbeit – hat er mich nicht berufen; denn er trägt keinem Menschen das Unmögliche auf.

Doch gibt mir meine Arbeit die Möglichkeit, ein wenig Bewußtseinsbildung zu betreiben. Häufig ergibt sich das zwangsläufig aus der Arbeit, oft kann es auch bewußt eingebaut werden.

In der Ausbildung „unserer Jungen“ zum Beispiel – unserer Lepra-Assistenten, die meistens Regierungsangestellte, alle aber bei uns ausgebildet sind. Unsere Jungen sind das eigentliche Thema meines Lebens in Pakistan – sie sind noch wichtiger als die Patienten, weil ich durch sie allein die Gesamtzahl der Leprakranken in Pakistan erreichen kann. Wieviele von den bisher erfaßten 23574 hätte ich denn selbst aufspüren und behandeln können?

Mit ihnen über ihr Verhältnis zu ihren Schwestern, ihren Frauen, ihren Töchtern zu sprechen – daß echte Liebe partnerschaftlich ist, daß Gott alle Menschen gleich geschaffen hat (und der Koran dieses auch sagt) –, das ist ein häufiges Gesprächsthema inner- und außerhalb des Unterrichts. Ob sich damit etwas ändert? Traditionen sind unglaublich zählebig; selbst wenn der junge Mann innerlich einer Änderung zustimmt, scheitert es oft am Widerstand der Eltern. Und trotzdem:

Da kommt Mustafa und sagt, Doctor, ich brauche ein Motorrad. Wieso, sage ich; kannst Du dein Gebiet sonst nicht systematisch durchkämmen? Das auch, sagt Mustafa, aber ich möchte amerikanisch heiraten. (Das heißt: mir mein Mädchen selber aussuchen; und mit dem Statussymbol des Motorrades ist das möglich.) „Sie hat Mittlere Reife", sagt Mustafa, „ich kann sie nur bekommen, wenn ich ein Motorrad habe." Mustafa bekam sein Motorrad, gründete eine glückliche Familie (er hat drei Kinder, und auch das Mädchen geht zur Schule), und überdies hat er mit seinem Motorrad über tausend Leprapatienten entdeckt und versorgt.

Oder Hikmat. Hikmat kommt aus einem Stammesgebiet, in dem man nach den eigenen Stammesgesetzten lebt, und diese Gesetze sind das Gesetz der Kugel: Die Ehre eines Mannes wird danach bemessen, wie er sich in einer Blutrache am feindlichen Stamme rächt. Hikmat und sein jüngerer Freund Gul Haider sind 1 1/2 Jahre zur Ausbildung in Karachi gewesen, und jetzt fahre ich mit ihnen zurück in ihr Stammesgebiet. Hikmat und Gul Haider sind in eine erregte Diskussion verfallen – und dann wird mir die Streitfrage vorgelegt: Irgend etwas ist mit meinen Augen geschehen in Karachi, sagt Hikmat, ist das möglich, Doctor? Oder mit den Gehirnzentren?, sagt Gul Haider, (der seine Anatomie gerade fürs Examen gelernt hat), – daß sie anders funktionieren? Warum?, will ich wissen. Früher, sagt Hikmat, früher, wenn ich die Straße entlang fuhr, da konnte ich bloß den Felsvorsprung da sehen: phantastisch, man hatte volle Deckung, und wenn der Feind die Straße entlang kam, konnte man ihn bequem abknallen – paff! paff! –, und jetzt, jetzt sehe ich: die Frauen, wie sie die Wasser- und Holzlasten schleppen. Das müssen sie doch auch vorher getan haben, warum habe ich das nicht gesehen? Irgend etwas ist mit meinen Augen geschehen –

oder mit den Gehirnzentren, sagt Gul Haider,

. . . oder mit euren Herzen? frage ich.

Stille. Dann ein tiefer Atemzug. „Das!“, sagt Hikmat, „genau das!“

Oder Hafiza. Sie fällt mir weinend in die Arme. „Machen Sie doch eine muslimische Ordensschwester aus mir,“ schluchzt sie, „warum kann ich denn keine muslimische Ordensschwester werden, dann würden die Männer mich wenigstens respektieren!“ Was war geschehen? Hafiza hatte allen Konventionen getrotzt und sich als Lepra-Assistentin ausbilden lassen. Sie will nicht heiraten: „Ich werde doch nicht mein ganzes Leben den Wasserbüffeln nachlaufen!“ Sie will Leprakranken helfen, und sie beweist ihre Entschlossenheit durch tagelange Fußmärsche und gefährliche Klettertouren. Die jungen Helfer reißen sich um Hafiza – die Arbeit geht so viel rascher und leichter, wenn ein Mädchen dabei ist, das die Berghöfe betreten und mit der Familie sprechen kann, während die Jungen in gebührender Entferung warten müssen, bis eines der männlichen Familienmitglieder herauskommt und sie fragt, was sie möchten.

Hafiza ist fünf Tage mit den Jungen in den Bergen gewesen, und bei ihrer Heimkehr kam die Polizei ins Haus. Der Arzt des winzigen Kreiskrankenhauses hatte sie auf die Liste der leichten Mädchen setzen lassen, die polizeilich überwacht werden – weil sie mit einer Gruppe Männer losgezogen und nicht vor Dunkelheit zurückgekehrt sei. Ihre Kollegen gehen auf die Barrikaden. Stellen den Arzt – unerhört in einer so streng hierarchisch gegliederten Gesellschaft – erregt zur Rede. Nach arroganter anfänglicher Selbstverteidung gibt der Arzt betreten seinen Fehler zu. „Wenn wir als Männer die notwendigen gesellschaftlichen Änderungen sabotieren, wie soll sich die Lage der Frauen in den Dörfern jemals ändern?“, sagt Ashraf nachdenklich und überzeugend.

Ein letzter Vorfall aus Baluchistan: Ich bin mit einem Team von fünf Leprahelfern im Landrover unterwegs, im Wüstengebiet von Makran. Irgendwie läuft die Arbeit nicht so recht an. Wann immer wir uns einer Gruppe von Zelten nähern, laufen die Frauen fluchtartig davon. Wir halten Kriegsrat. Daud hat eine Erklärung. „Die einheimische Panjabi-Tracht, die Sie tragen, gleicht der Männertracht in Makran – vielleicht erkennen die Frauen Sie aus der Entfernung nicht als Frau?“ Das Argument leuchtet ein. Wir besorgen uns eine Makrani-Frauentracht, weite Pluderhosen, ein schwingendes buntfarbiges Obergewand, ein großes Schultertuch zur Verschleierung. Der Erfolg ist durchschlagend. Wenn wir uns jetzt einer Gruppe von Zelten nähern, strömen uns die Frauen entgegen. Wir schlagen unsere fliegende Ambulanz auf dem Zeltplatz auf: eine geflochtene Bettstelle unter einer Kokosmatte, die Schatten gibt. Die Nachricht verbreitet sich mit Windeseile – die Kranken aus der näheren und weiteren Umgebung werden gebracht. Ich sitze auf der Kommandobrücke (der geflochtenen Bettstelle), gebe Anweisungen ans Team und habe völlig vergessen, daß ich die Tracht der Frauen von Makran trage. Erst der beobachtende, amüsierte, entzückte Blick zweier Mädchen reißt mich aus meiner Rolle. Sie sitzen auf dem Boden, kichern hinter ihrem Schleier und genießen mit großen hungrigen Augen diese so ganz und gar perverse Situation: daß da eine der ihrigen auf der Kommandobrücke sitzt und die ganze Meute Männer hier- und dahin kommandiert!

Bewußtseinsbildung? Sicherlich nicht. Aber vielleicht der Anfang einer Frage – vielleicht ein wenig Zuwachs an Humor. Für unsere 23 (christlichen) Panjabi-Mädchen, mit denen wir zusammenleben (und denen wir die Schulausbildung ermöglichen), sind Jeannine und ich der Beweis, was einer Frau möglich ist.

Schwierigkeiten mit der Kirche? Wenn Sie es auf ihre hierarchischen Verteter beziehen: oh ja! Ob sich das auf mein Glaubensleben (negativ) ausgewirkt hat? Nein. Es hat mich beunruhigt, die Haltung der hiesigen Kirche – wegen der Zukunft eben dieser Kirche in diesem Lande. Ich habe die Frage aber dann nie prinzipiell aufgegriffen (manchmal denke ich: ich hätte es tun sollen) – wohl deshalb nicht, weil mein Leben sowieso schon bis an den Rand gefüllt ist.

Freiheit: für mich der zentrale Wert in meinem Leben – deshalb, weil nur wahre Freiheit Liebe ermöglicht. Und weil, von diesem Blickpunkt her, unser Herr für unsere Freiheit gestorben ist – er hätte uns ja schließlich auch auf einem anderen Weg zu unserer Erlösung zwingen können, wenn ihm die so wichtig war.

Wie sich diese Freiheit in der Stellung der Frau in der Kirche verwirklichen sollte, – sonderbar: diese Frage ist für mich nicht dringlich. Ich bin so an Arbeitsteilung gewöhnt – wenn es sich nun einmal historisch so herausgestellt hat, daß das Amt des Priesters dem Mann zugefallen ist, sehe ich weder ein, warum man das zur Diskriminierung hochstilisiert –, noch, warum man aus einer historischen Entwicklung nun ein Offenbarungsgut machen sollte. Und wo sonst sind wir ausgeschlossen, außer von der

Sakramentenspendung? Wenn man mir als Frau verweigern würde, auf meinen monatelangen Wüsten- und Bergwanderungen die konsekrierten Hostien bei mir zu tragen, würde ich auf die Barrikaden gehen. Die Schwierigkeiten dagegen, die sich hin und wider mit dem Nachschub ergeben, die kann ich auf mich nehmen. Vermutlich würde ich anders denken, wenn der Priestermangel mir direkt auf den Nägeln brennte – aber auch dann wäre meine Option für die Ordination der Frau nicht erklärt mit einem Emanzipations-Nachhol-Bedarf, sondern mit den Erfordernissen der Gemeinden.
Ob das Gehorsamsgelübde heute noch lebbar ist? Eines steht für mich fest: das ganze Bündel der drei Gelübde führt zu einem enormen Zuwachs an Freiheit; den Beweis kann jeder haben, der es versucht. Armut und Jungfräulichkeit – ihr Wert steht für mich außer jedem Zweifel, das ist für mein Leben nicht nur theoretisch bejaht, sondern existentiell unverzichtbar. Wo eigentlich mein Gehorsamsgelübde verwurzelt ist – das könnte ich sehr viel schwerer sagen. Es ist nun einmal das Element der Liebe, daß sie das Ver-Rückte will: eine vernünftige Liebe ist keine Liebe. Von daher ist alles möglich – auch das Un-Einsehbare. Jede Nonne träumt wohl ihre heimlichen Träume, daß sie einmal etwas Irrsinniges tun dürfe, etwas, was seine Berechtigung eben nur in dieser Torheit der Liebe habe. Ich glaube, wenn ich in der Klausur lebte, ich würde wirklich Kohlköpfe umgekehrt einpflanzen (und wetten, die wüchsen an?), – einfach weil mir nichts Verrückteres einfiele.

In einem tätigen Orden sieht sich das natürlich anders an. In einem Konflikt mit der Kirche (und Ordensleitung) wurde mir nahegelegt, Pakistan zu verlassen – es hat mich gelockt, zu „gehorchen“, einfach weil die Idee so irrsinnig war. Ich bin den Anweisungen dann doch nicht nachgekommen, weil ich meinen muslimischen Lepra-Assistenten nicht zumuten konnte, meine „Verrücktheit“ mit ihrer Karriere zu bezahlen.

Wie ich mein Gehorsamsgelübde lebe? Ich weiß es nicht, – sicher in der Grundentscheidung meines Lebens, nach Pakistan zu gehen. Wenn noch alle Wege offen stehen – wie soll man wissen, wo Gott einen am nötigsten braucht? Wenn kein Interessenkonflikt besteht, bin ich dankbar, wenn ich eine Wegweisung habe: Wir haben uns darauf festgelegt, daß Du Dich mir durch meine Oberin zu verstehen gibst (eine Adresse, die ich Dir selbst angegeben habe!); also nehme ich diesen Hinweis als von Dir kommend an.

In einem konkreten Interessenkonflikt könnte ich das Gleiche nicht vollziehen. In eben jener Situation, in der die Frage aufkam, ob ich Pakistan verlassen sollte, fragte mein Helfer-Team meine Oberin ganz offen: wem die Pfau denn nun eigentlich gehöre? „Ihnen? Dem Orden? Oder nicht ebenso den Patienten – und uns, die ihr Leben auf sie und ihr Werk hin gewagt haben?“

Ein Werk, das ich im Gehorsam begonnen hatte – das kurz vor der Übergabe stand, und dessen Existenz in Frage gestellt worden wäre, wenn ich mutwillig ausgeschieden wäre. Durch wen sprach Gott? Durch mein einheimisches, mehrheitlich muslimisches Team. War die Entscheidung richtig? Nach den Folgen zu urteilen: ja. Natürlich weiß ich trotz allem nicht, ob es nicht eine andere, bessere Entscheidung gegeben hätte –. Diese Erfahrung hat mich auch gelehrt, daß man mit Konflikten leben und sich trotzdem gegenseitig annehmen kann; daß Frieden in Spannung gelebt und als Frieden erfahren werden kann. Daß jedes Sich-Loslassen zu einem Zuwachs an Freiheit führt. Trotz allem: was das Gehorsamsgelübde für mich bedeutet, weiß ich deshalb noch nicht. Vielleicht muß es in vielen Leben, in Konfliktsituationen und im Alltag gelebt werden, ehe wir wieder eine neue gültige Formulierung finden. Wie es nicht mehr gelebt werden kann, das wissen wir alle. Wie es gelebt werden kann, entdecken wir alle Tage neu – *daß* es gelebt werden kann und wert ist, gelebt zu werden, würde wohl keiner von uns ableugnen.

Instrumentalität, Geführtwerden ist wohl eine meiner Schlüsselerfahrungen. Es hat sich enorm viel getan hier in Pakistan, seit ich hier bin – es hat sich mehr getan, als irgendjemand in seinen wildesten Träumen hätte erwarten können. Ich bin einfach nicht dumm genug, als daß ich es mir zuschreiben könnte: daß ich das „gemacht" hätte. Obwohl es geschichtlich mit meinem Hiersein zusammenhängt. Das Lepraprogramm ist einer Kette von Zu-Fällen zu verdanken – und jedermann im Team sieht es auch so.

Natürlich habe ich mein Leben nur als Frau leben können – und so auch Anrufe nur als Frau erfahren können. Trotzdem habe ich Jahrzehnte gebraucht, um mich ganz mit meiner Rolle als Frau zu identifizieren – ich habe erstaunlich lange und immer wieder die Bewunderung eines Mannes nötig gehabt, um mich als Frau zu akzeptieren. Jahre, Jahrzehnte in mein Ordensleben hinein brauchte ich die Bestätigung, daß ich ja „auch anders gekonnt" hätte; daß der Entschluß die freie Option für das „je Größere" war (woran ich im letzten Grunde niemals gezweifelt habe). In meine Mutterrolle bin ich Patienten gegenüber sehr rasch hineingewachsen, meinen „Jungen" (sprich: Lepra-Technikern) gegenüber erstaunlich spät; meinen Verhandlungspartnern gegenüber ergibt sich erst in letzter Zeit ein kollegiales Verhältnis, frei von emotionalen Obertönen (wenn auch nicht frei von menschlichem Interesse). Insofern habe ich mein ganzes Leben als Frau gelebt – wie sollten da die eigentlichen, die tiefsten Schichten meines Wesens davon ausgenommen sein?

Von Gott geführt? Jemand hat mir mal gesagt, man sollte den Mut haben, unbefangen die frommen Vokabeln wieder zu benutzen – wie anders sollten sie sich wieder mit Leben füllen? So denn: Von Gott geführt? Ja – wann? Oder besser: wann nicht? Das Alles oder Nichts war wohl schon in meinem Charakter grundgelegt, und so in meiner Konversion zur Katholischen Kirche vermutlich schon die Entscheidung zum Ordensstand. Einmal fragte ich den Jesuiten, der mich in die Kirche aufgenommen hatte, ob er meine, ich hätte eine Berufung zum Ordensstand. (Zu den Jesuiten?). Er meinte besonnen, ausschließen könne er es nicht – ich sollte aber doch erst einmal versuchen, ob ich ohne Freund auskäme. Ich hielt nicht viel von langem Warten, – noch ein Jahr, sagte ich. Wenn mir dann der Mann meiner Träume nicht über den Weg gelaufen sei, könnte ich es dann als bewiesen ansehen, daß ich eine Berufung hätte? Pater K. meinte, es sei nicht unbedingt der eleganteste Vertrag, aber auch nicht unbedingt abzulehnen – also: ich sollte es ein Jahr versuchen.

Der Gedanke, daß ich in einem Jahr Gewißheit haben würde, beschwingte mich. Und dann setzte ich heimlich dem Vertrag noch eine Sonderklausel zu: ... und wenn ich aber in dem Jahr dem Mann meiner Träume doch begegnen würde und mich dann nichtsdestotrotz zum Ordensstand entscheiden würde, wäre das nicht noch besser –?

Es war das Jahr, in dem G. und ich einander begegneten. Einmal sagte mir G., mein Lächeln, mit dem ich ihn am Abend verabschiede, verunsichere ihn – es sei doppeldeutig – grundlos –, oder es habe seinen Grund außerhalb unserer beider Zuneigung. Er hatte mehr erspürt, als ich ihm sagen konnte. Ich wußte nicht, wohin mein Leben trieb – welche Entscheidung würde *Er* treffen? Galt der Vertrag, oder galt die Geheimklausel zwischen uns?

Dann kam der Abend, an dem G. mich fragte. Und ich mich fern und fremd und mit unerwarteter Gewißheit sagen hörte, ich würde ja gern – ich wollte wirklich – aber ich könnte nicht – ich hätte eine Berufung, und mir bleibe nichts übrig, als ihr zu folgen. Und er: irgendwie hätte er das wohl gewußt. Diese gläserne Wand zwischen uns ... Wir liefen Stunden durch den nächtlichen Wald. Am Morgen war die Gewißtheit unumstößlich: die Geheimklausel hatte gegolten. Und ich habe nie, nie daran gezweifelt, daß die Entscheidung richtig war.

Und dann, später, Pakistan. Der Orden hatte mich gebeten, nach Indien zu gehen, und ich hatte zugestimmt. Das Visum verzögerte sich, 10 – 12 – 18 Monate – dann ergab sich die Möglichkeit, vielleicht über Pakistan doch das ersehnte Ziel zu erreichen. Gleichzeitig hatte auch Pakistan eine Ärztin angefordert – so flog ich ab. Nie werde ich jene erste Ankunft in Karachi vergessen. Wir waren stunden-, stundenlang über die Wüste geflogen, als plötzlich über den Lautsprecher angekündigt wurde, in ein paar Minuten würden wir in Karachi landen. Ein paar Baracken im grauen Wüstensand – ein paar kahle Hügel – am Horizont das Meer – und ich fragte mich in plötzlichem Entsetzen, in welchem Anflug geistiger Umnachtung hatte ich mich freiwillig in diese Einöde gemeldet?

Tage später dann das erste Mal ins Aussätzigenlager. Mit Bernice aus Mexiko, Mitschwester und Apothekerin, gleichaltrig mit mir. Das Lager: ein Slumviertel hinter dem Hauptbahnhof. Hütten aus Pappkartons, Wellblech – alte Säcke, über Bambusstäbe gespannt. Eine Senke, den aussätzigen Bettlern nur deshalb überlassen, weil in ihr in jeder Regenzeit die Abwässer der Stadt zusammenflossen und das Lager in einen stinkenden See verwandelten. Der Behandlungsraum: aus alten Holzkisten zusammengenagelt, ohne Elektrizität, ohne Wasser – der Raum vollgestopft mit Patienten – die Hitze – der Lärm – der Gestank – die Fliegen.

Ich habe es ungezählte Male reflektiert und unzählige Male erzählt: Mohammed Hassan. Er kam aus dem Norden Pakistans, und er konnte nicht älter sein, als ich es damals war: noch keine 30. Die Krankheit hatte ihn fast zur Unkenntlichkeit zerstört. Er kroch auf Händen und Füßen in den Bretterverschlag. Seine Mitpatienten traten gleichmütig zur Seite – als sei das eine Selbstverständlichkeit, etwas, wogegen sich aufzulehnen keinen Sinn hat: daß ein Mensch so auf Händen und Füßen durch Staub und Schmutz kriechen müsse. Und auch das vielleicht hätte noch nicht den letzten Anstoß gegeben, wenn Mohammed Hassan es selbst nicht so gleichmütig hingenommen hätte – keine Auflehnung in seiner Stimme, eine dumpfe Resignation, als könnte es nicht anders sein – und er, er hatte auch nur ein, *ein* Leben zu leben, ein Leben so wie ich! Ich habe seltene Anfälle von Jähzorn. Momente, in denen ich nicht mehr Herr meiner selbst bin. Das Böse anspringen – ich wußte plötzlich: hier, hier mußte es geschehen. Wie? – gleichgültig. Jetzt! Bernice, sagte ich mit unterdrückter Erregung, Bernice, das *kann* nicht so weitergehen – etwas – irgendetwas werden wir anstellen. Irgendwie liefen die Fäden meines Lebens zusammen. Es war, wie wenn man seine große Liebe trifft: ein und für alle Mal. Das war nun entschieden und galt nun für immer – und alles andere war nur das Ergebnis jenes Augenblickes im Bretterverschlag von McLoed Road.

Führung? Wie oft haben wir über Zu-Fälle gelacht, mit jenem ein wenig unglaublichen Erstaunen. Wer wirft sie uns zu?

VILMA STURM, geboren 1912 in Mönchengladbach, Publizistin, Mitglied des PEN seit 1971, u. a. Trägerin des Rheinischen Kulturpreises, zahlreiche Reportagen, Essays, Hörspiele. Ihre Autobiographie erschien unter dem Titel: „Barfuß auf Asphalt". Lebt in Köln.

Wie ein Boot glitt ich fort aus dem Hafen

Als ich ein Kind war, sieben oder acht Jahre alt, schenkte mir meine Großmutter Thomas von Kempens „Nachfolge Christi", Goldschnitt die Seiten, lila Leder der Einband. Eben des Lesens kundig, las ich mich neugierig durch die vier Bücher und die insgesamt einhundertvierzehn Kapitel des Traktats, las das nicht nur einmal, nein, immer wieder, nicht aus purem Vergnügen, versteht sich, aber mit einem ungebrochenen Sinn für den Anspruch, den der fromme Mann vom Niederrhein da stellte, und bereit, mich diesem Anspruch zu unterwerfen. Gott war hier zugegen als Vater, reiner Geist, erhaben, stark und gnädig. Er war zugegen als ein Jemand, ein Gegenüber, eine anredbare, eine anredende Person; sie stellt Forderungen, zu denen sie fraglos ermächtigt ist. Vielleicht war es gerade die Übermäßigkeit der Forderungen, die Gehorsam erheischten; an ihnen war nicht zu deuteln. So empfing ich aus diesem Buch das Gefühl dafür, daß ich Gott mit jeder Stunde meines Lebens verantwortlich sei, daß ich ihm dienen müsse, daß die einzige Richtschnur meines Handelns sein Wille sein müsse. Ich empfand Gott als wirkende Person beständig intensiv in meiner Nähe. Ein sehr hohes, aber natürlich auch sehr asketisches Ideal von Vollkommenheit prägte sich mir ein, dem ich mich unbedingt verpflichtet fühlte. Die Frage: Wie werde ich vollkommen? wurde seit diesem frühen Alter zur wichtigsten Frage meines Lebens.

Zwölfjährig, in der Quarta des Lyzeums, ging ich zur ersten heiligen Kommunion, vorher gründlich traktiert mit der Transsubstantiationslehre, mit Substanz und Akzidens und der Realpräsenz – worüber wir auch etwas hersagen konnten. Die Einübung dieser scholastischen Definitionen wurde abgeschlossen durch die Einübung all der minutiösen Handlungen, welche die Zeremonie des heiligen Tages erfordert; es begann damit, daß in der Frühe das Zähneputzen unterlassen werden mußte, damit nicht ein Tropfen aus dem Wasserglas die eucharistische Nüchternheit gefährde. Als dann die kleine Prozession weißgekleideter Mädchen zur Kirche schritt, von deren Turm herab die Glocken läuteten, als hinge der Heilige Geist selbst am Glockenseil, aus deren weitgeöffnetem Innern die Orgel brauste, als man sich hinein in das Läuten und Brausen bewegte, da schossen dem Kind Tränen aus den Augen, es weinte sein Spitzentuch naß vor Ergriffenheit. Fortgespült war das öde Klassenzimmer voll von ausgeklügeltem Latein, die Angst vor den Wassertropfen und davor, eine Kniebeuge zu vergessen – statt dessen erhob sich ein Gemüt, das dem Sichtbaren und Hörbaren weit aufgetan war, über Geläute und Gebraus in die unmittelbare Nähe eines Gegenübers, zu dem es sich unsäglich fortgerissen fühlte.

In den letzten Schuljahren schloß ich mich der Jugendbewegung an. Was ich vom „Quickborn“ auf Burg Rothenfels erfuhr, begeisterte mich. Ich erlebte, was mir völlig neu war: einen Zusammenschluß von Menschen, die Gutes wollten, Gutes wenigstens ungefähr im Sinn jener „Nachfolge Christi“, mit der ich ja bisher auf mich allein gestellt gewesen war. Auf eine unangestrengt naive Weise lebten sie gegen die Verführungen der „Welt“. Sie kleideten sich anders, als die Mode es wollte. Sie hatten den Teufeln Alkohol und Nikotin abgeschworen, sie übten Enthaltsamkeit, weil ihnen die „Idee des reinen Leibes“ etwas bedeutete, das Freisein des Körpers von all den Stoffen und Einflüssen, die ihn überreizen, erniedrigen, abstumpfen, sein inneres Gleichgewicht stören. Sie suchten beim Wandern, Singen und Tanzen andere Vergnügungen als Schlager und Jazz und kamen freudig zum Gottesdienst. Sie hatten es auch fertiggebracht, diesen Gottesdienst zu verändern. In der Krypta des Münsters gab es nun eine heilige Messe, bei der die Gemeinde, wenn auch auf lateinisch, dem Priester antwortete, im übrigen die Handlung und seine Gebete mitvollzog nach dem „Schott“. Romano Guardinis Schriften „Von Heiligen Zeichen“ und „Vom Geist der Liturgie“ eröffneten mir die Tiefe eines Kults, die ich bis dahin nicht einmal geahnt hatte. Die Kirche wurde zum „Haus voll Glorie“, zum „Mystischen Leib Christi“; wie ein heiliges Gewitter brachen die „Hymnen an die Kirche“ der Gertrud von Le fort über mich herein.

Die letzten Kriegsjahre verbrachte ich in Österreich und kehrte erst 1946 nach Deutschland zurück, in ein Moseldorf, wo meine Eltern, ausgebombt, einen Unterschlupf gefunden hatten. Wider alles Erwarten fand ich sofort eine Anstellung als Redakteurin beim „Rheinischen Merkur". Ich war „untergekommen" in jeglichem Sinne, fand mich nach mancherlei Irrfahrten unter dem schützenden Dach des christlichen Glaubens in friedlicher Unangefochtenheit.

Die Feste des Kirchenjahres, lange vorbereitet, lange nachwirkend, glichen damals Überschwemmungen mit Frömmigkeit, durch und durch wurden wir damit getränkt. Wir sahen den heiligen Martin in goldenen Wolken aus Fackelschein und Novembernebel dahinreiten. Mit meinem Kind auf dem Arm ging ich in der Fronleichnamsprozession hinter den weißgekleideten Mädchen, die Blumensträuße trugen und auf blauen Samtkissen Lämmer, Herzen und Rosetten aus Gips. An Dreikönig schrieben wir mit Kreide die heiligen Buchstaben C + B + M über unsere Türen; zu Lichtmeß zogen wir mit brennenden Kerzen durch das Haus vom Keller bis zum Speicher. Selbstverständlich trug ich das Kreuz aus Asche am Aschermittwoch und wischte es nicht weg beim Verlassen der Kirche. Am Karfreitag, wenn „die Glocken nach Rom geflogen" waren und die Meßdiener mit hölzernen Ratschen durchs Dorf zogen, durfte nicht gearbeitet, nicht einmal eine Nähnadel angefaßt werden. Mittags um drei herrschte Grabesstille.

Der Höhepunkt aller Festlichkeiten war die Auferstehungsfeier in der Osternacht. War das Haus von oben bis unten geputzt, alle Wäsche gewaschen, waren alle Kuchen gebacken, die Eier gefärbt und die ausgeblasenen an einer Pyramide aus Palmzweigen aufgehängt, gab man sich dem Ereignis aus Leibeskräften hin. Um Mitternacht beginnend, dauerte die Feier damals an die drei Stunden; sie begann mit dem Anzünden des Osterfeuers vor dem geschlossenen Portal, mit dem Einzug der Lichter in den dunklen Kirchenraum, dem dreimaligen, jedesmal um einen Ton höher gesungenen Osterruf „Lumen Christi!"; das Weitere vollzog sich in aller Breite: der herrliche Gesang des Exsultet, zahlreiche Lesungen, die Allerheiligenlitanei, ungekürzt: die Zeremonien um das Wasser, das „heilige und unschuldige Geschöpf Gottes" – ja, die Elemente waren noch anwesend in dieser Liturgie, auch der fleißigen Biene wurde gedacht, der wir das Wachs der Kerzen verdanken. Und dann der unerhörte, der herzsprengende Augenblick, wenn nach den kargen Trauerwochen mit dem Gloria der Jubel ausbricht, die Glocken vom Turm, die Klingeln der Meßdiener und die Orgel mit allen Registern sich hören lassen und das Kirchenvolk sich voll hineinwirft in das trierische Osterlied „Preis dem Todesüberwinder". Ich kenne Woodstock nicht, aber so ähnlich muß das damals an der Mosel gewesen sein, Weihrauch und Orgelbraus berauschten uns die Sinne. Nie wieder habe ich später Ähnliches erlebt.

In den fünfziger Jahren war ich viel unterwegs bei Katholischen Akademien, bei Studentengemeinden, bei Predigtkursen, wurde auch selbst hin und wieder aufgefordert, in einer Kirche zu predigen. Es kamen auch eine Zeitlang angehende Theologen aus dem Bensberger Priesterseminar an ihren freien Nachmittagen in meine Wohnung, um mir ihre Predigttexte zu unterbreiten, meine Kritik anzuhören. Ich bemerke bei dieser Gelegenheit, daß ich die Grenzen, die dem Wirken der Frau innerhalb der Katholischen Kirche gesetzt sind, nie als sonderlich beengend empfunden habe. Sprechend und schreibend sah ich für mich ein weites Feld sinnvoller Betätigungen, die mir durchaus genügten. Ich gehörte nicht zu denen, die nach dem weiblichen Priester riefen.

Etwa zehn Jahre später begann der große Prozeß der Bewußtseinsveränderung: Der Versuch, unter den lagernden Schichten von Byzanz und Rom und dem Aachen des Carolus Magnus die brüderliche Gemeinde des Evangeliums zu finden – hinter dem goldglänzenden Heiligen Stuhl den Feldrain, an dem der saß, der gesagt hatte, daß die Vögel ihre Nester und die Füchse ihre Höhlen hätten, er aber keinen Stein, auf den er sein Haupt legen könne.

Wir ließen uns überzeugen davon, daß Politik nicht ein „schmutziges Geschäft" sei, sondern eine Form der Nächstenliebe. Nirgends konnte, wenigstens zu unserer Zeit, Nächstenliebe mächtiger und wirkungsvoller in Erscheinung treten als im politischen Handeln. Uns war klar: unser Nächster verhungert, wenn Politik das nicht verhindert; Barmherzigkeit, Caritas, genügt nicht. Nur die Veränderung der gesellschaftlichen Verhältnisse durch Politik ist wirksam. Wir verstanden das Evangelium als politische Information, als Veröffentlichung von Neuigkeiten, die die Menschen gemeinsam betreffen. Die Wahrheit, die Jesus verkündigt hatte, war eine Wahrheit, die getan werden mußte. Und die Kirche war nun in unseren Augen eine Arbeiterin in der Schürze mit schmutzigen Händen, die sich abzurackern hatte für das Wohl der Welt.

Es begab sich mit der Entmythologisierung die große Entzauberung der Welt. Der Paradiesgarten, die apokalyptischen Reiter und das thronende Lamm, die dreifach gefaltete Gottheit, die feurigen Cherubim, flügelschlagend, im Takt ungeheurer Gesänge, Satan, schwarz und furchtbar, auf der Lauer nach abtrünnigen Seelen, die Jungfrau im Kämmerlein, der die Botschaft ins Herz fällt, der Stall zu Bethlehem (ich hatte noch an der Stelle gekniet und geglaubt, daß es die Stelle sei!), das Gloria der Engel über den Hirtengefilden, die Wunder Jesu, Krankenheilung und Auferweckung vom Tode, Brotvermehrung und der Wandel auf dem Wasser, Auferstehung und Himmelfahrt „im Schall der Posaune“ – das alles wurde mit den Jahren, auch innerhalb des Kirchenraumes, in Unterricht, Predigt und Gespräch seiner Wortwörtlichkeit beraubt, mehr oder weniger beliebigem Verständnis preisgegeben. Nicht scharf und schneidend behaupteten sie: „Wunder gibt es nicht“ – nein, das erlaubte sich keiner. Es wurde vielmehr an einem solchen Begriff herumgekratzt und -gestochert, vorsichtig und mit Rücksicht auf das Mütterchen in der letzten Bank, aber eben doch so lange, bis die ungeheuren, lieblichen, glänzenden und machtvollen, die farbigen und nachtdunklen Bilder einen einheitlichen Grauton aufwiesen: sie leuchteten nicht mehr. Nicht länger war der Glaube der Eckstein, an dem die Vernunft zu Fall kam, wurde vielmehr, seiner ausschweifenden Dimensionen beraubt, einsichtig und vertretbar auch für das Ende des zwanzigsten Jahrhunderts.

Zunächst empfand ich das kaum als Verlust, eher als Eintritt in neue Wahrheiten. Dunkles wurde hell, Fernes wurde in die Nähe gerückt, Labyrinthisches wurde überschaubar und einsichtig. Maria, ein Judenmädchen, vierzehn vielleicht, unwissend und einfältig, in den Strudel schrecklicher Ereignisse gezogen – wie liebenswert! Jesus, nicht länger Messias, Soter, Christkönig, sondern „Jesus in schlechter Gesellschaft“ (ein aufregendes Buch des Wiener Kaplans Adolf Holl), ein radikaler Außenseiter, mit zigeunerhaften Zügen und kriminellem Verhalten, ein Revolutionär und Rebell, ein Mann des Streitens, der den Skandal nicht scheute – dieser Jesus war uns sehr nahe. Von dem Münsteraner Theologen Johann Baptist Metz ließen wir uns belehren über die politische Bedeutung des Evangeliums: was es heißt, daß der Vorhang des Tempels zerriß; nämlich das Ende der Sakralität, der herausgesonderten Heiligkeit. Geweihte Priester? Weihen und Segnen waren Bräuche, mit denen es nichts mehr auf sich hatte. Die Gottheit thronte nicht länger im undurchdringlichen Geheimnis, sondern schimmerte hervor aus den ausgefransten Knopflöchern des betrunkenen Stadtstreichers auf der Bank am Wallrafplatz.

Schuld und Erlösung! Mein Aufenthalt an den Rändern der Gesellschaft führte dazu, daß der Schuldbegriff mir unter den Händen zerrann. Die frechen, aufsässigen jungen Leute, die verkommenen Alten, die Mütter, die ihre Babys mißhandelten, die Trinker, die ihre Frauen prügelten – wenn man hinunterstieg in ihre Biographien, dann waren das fast immer arme, alleingelassene Kinder, und auch die Eltern und deren Eltern waren arme, alleingelassene Kinder. Schuldig? Falsch programmiert waren sie, nicht ausgerüstet für ein freundliches und friedliches Leben mit anderen. Schließlich waren es chemophysikalische Vorgänge in den Hirnzellen, die das Fehlverhalten bewirkten – was natürlich nicht ausschloß, daß einer ein solches Verhalten tief bedauerte, mit jenen lebenslangen Schmerzen, mit denen ein Autofahrer an das Kind denkt, das er – ohne Schuld – überfuhr.

Keine Schuld, keine Erlösung dementsprechend. Wenn es denn Gott war, der in Jesus Christus Mensch wurde, dann hatte er das getan, um sich ansehen, anhören, anfühlen und essen zu lassen, um Nähe herzustellen, seinen Entwurf von dieser Welt leibhaftig erscheinen zu lassen. Aus der Unzugänglichkeit des brennenden Dornbusches begab er sich in den Stall, damit wir erkannten, wie er es mit uns meinte – „Erlösung“ war ein Wort aus der alten sakralen Welt, wir brauchten es nicht mehr. Es mag jetzt fast fünfzehn Jahre her sein, da glitt ich, wie ein Boot gleitet, ohne Segel, ohne Ruderschlag, nur von der Strömung getrieben, fort aus dem Hafen meines Glaubens.

Die Strömung, das waren die um mich herum, die mir

lieb waren: die Tochter, nicht vor dem Altar getraut, die Enkel nicht getauft, – sie und ihr Mann und seine Mutter traten aus der Kirche aus. Auch viele Freunde hatten einfach keine Lust mehr, auch der Bruder nicht mit seiner Familie. Häufig war es die pure Feindseligkeit, öfter noch Gleichgültigkeit und Überdruß. Die meisten linken Katholiken in meinem Umkreis waren nun nur noch Linke, keine Katholiken mehr. Gewiß lag das nicht an diesem oder jenem Versagen der Kirche; die war uns ja schon lange, bis auf den Papst Johannes, eher gleichgültig gewesen, eine zum Widerstand herausfordernde Institution. Aber warum wandten wir uns mit der Zeit auch von Gemeinde und Gottesdienst ab, damit auch von Bibel und Gebet, damit schließlich überhaupt von jeglicher ausdrückbaren Frömmigkeit? Ich weiß es nicht. Ich befinde mich mitten im Prozeß einer Ablösung, die an mir geschieht, ohne daß ich es will. Ich gleite und gleite immer weiter fort, irgendwohin ins Leere, wo niemand mehr ist, auch kein Echo, wenn ich versuche, zu rufen. Kaum sind noch die Gestade sichtbar, von denen ich kam; und die Worte, die Namen, die ich einmal hatte, um das Heilige zu benennen, haben sich in Nebel aufgelöst.

Die Worte der Kirche sind meine Worte nicht mehr, ich weiß überhaupt keine Worte, mit denen ich gemeinsam mit anderen Gottesdienst halten könnte. Schon der erste Satz des Vaterunsers, des Credo, lähmt meine Zunge. Ich soll es „Vater“ nennen, dieses schauerliche Geheimnis hinter dem Lauf der Welt? Nie und nirgendwo auffindbar (weil es doch jenseits von Zeit und Ort ist) und schon gar nicht oben – denn wo ist oben, wo unten, wenn man sich auf einer rotierenden Kugel befindet? Er hat sich jeglichem Begriff, jeglichem Wort, jeglicher Anrede entzogen. Alleräußerstenfalls kann ich sagen: Ich hoffe, daß er ist – nichts weiter.

Ich hoffe, daß er ist, daß er da sein wird in der Stunde meines Todes, und mich bei sich sein lassen wird im Nie und Nirgendwo, in dem er wohnt. Gleichzeitig zittere ich davor, daß es anders sein kann, daß mir nichts bleiben könnte als Sarg und Grab und Verwesung. Aber ich zittere nur im Dunkeln, nachts, wenn ich nicht schlafen kann. Bei Tage bin ich wie alle, die leben, als gäbe es den Tod nicht.

Soll ich versuchen, aus den verschiedenen Erscheinungsformen meines Glaubens eine Grundfigur zu ermitteln, mit der die Frage unseres Buches beantwortet werden könnte? Die Grundfigur hat weder ausgesprochen männliche noch ausgesprochen weibliche Züge. Der Faszination durch das strenge asketische Ideal des Thomas von Kempen hätte ein kleiner Junge ebenso wie das kleine Mädchen, das ich war, erliegen können. Jugendbewegt übers Feuer springen, die alten Lieder zur Laute singen auf der Burg, im Rittersaal, das taten sie gemeinsam, Jünglinge und Jungfräulein. Die Zeit eines glücklichen Eingebettetseins in die kultischen Vollzüge, in die festliche Begegnung der Ereignisse des Kirchenjahres hatte nichts spezifisch Weibliches – und schon gar nicht findet sich dergleichen, als die politische Theologie anfing, meinen Glauben und mein Verhältnis zur Kirche zu bestimmen. Die Entfernung, die Abkehr vom Buchstaben der Lehre, von der Orthodoxie, vom Einverständnis mit dem Wirken eines ebenso allmächtigen wie gütigen Gottes teile ich mit Männern wie Reinhold Schneider, Fridolin Stier, Otto Kuss, dem Münchener Exegeten. Was sich vollzogen hat, ist ein durch und durch menschlicher, durch keinerlei Rollenverhalten geprägter Prozeß. Im übrigen vollzog sich nicht anders die im Individuum sich spiegelnde Entwicklung der gesamten Christenheit durch die Jahrhunderte: der asketischen Strenge und den mystischen Erhebungen der Anfänge bis ins Mittelalter hinein folgte das Erlebnis der Aufklärung, die Entmythologisierung und damit die unaufhaltsame Auflösung der Glaubensgewißheit, die Ruinierung des Gebäudes bis auf einige Grundmauern, Kälte, Öde, Dunkelheit, nichts als die winzige zitternde Flamme der Hoffnung, daß da doch ein Sinn sein möchte und mit dem Tod nicht alles zu Ende. Was ist männlich, was ist weiblich an einer solchen Entwicklung?

Das Geschlecht des Gottes, den ich doch immer wieder noch einmal anzureden versuche im Zorn, im Schmerz, in Dankbarkeit – es interessiert mich wenig oder überhaupt nicht. Die über so viele Jahrzehnte hin aus der Tradition gewachsene Vorstellung eines Vatergottes kann ich nicht mehr ersetzen durch die Vorstellung einer Gottheit mit mütterlichen oder männlich-weiblich gemischten Zügen. Wie jeder denkende Christ versuche ich natürlich, „Züge" überhaupt auszumerzen aus dem undurchdringlichen Angesicht des undurchdringlichen Wesens, an dessen Existenz ich zweifelnd glaube. Aber die alten Vorstellungen kriechen hartnäckig aus allen Ecken des entrümpelten Hauses, kommen wie die Fliegen, nach denen man mit der Patsche schlug und die doch im nächsten Augenblick schon wieder auf den Brotkrümeln und der verschütteten Milch sitzen. Also sage ich „er", wenn ich Ihn meine – ich denke, daran wird sich nichts ändern in der geringen Zeit, die mir noch zu leben bleibt.

INGEBORG DREWITZ, geboren 1923 in Berlin. Ihr Werk umfaßt Romane, Erzählungen, Dramen, Hörspiele, Essays, Biographien und einige Drehbücher zu Fernsehfilmen. Sie ist Vize-Präsidentin des PEN-Zentrums der Bundesrepublik. Am bekanntesten sind folgende Bücher: Oktoberlicht; Wer verteidigt Katrin Lambert?; Das Hochhaus; Gestern war heute; Hundert Jahre Gegenwart; Eis auf der Elbe, und die Biographie: Bettine von Arnim – Romantik Revolution Utopie. Unter ihren Preisen: Carl von Ossietzky-Medaille 1980; Gerrit-Engelke-Preis 1981. Im Frühjahr 1983 war sie ‚writer in residence' an der Universität von Texas in Austin, USA.

Eher bin ich meinem Großvater nahe . . .

Vielleicht tauge ich zu der Frage nicht. Einen Zusammenhang zwischen meinem Glauben und meinem Emanzipationsprozeß kann ich nicht nachweisen. Sicher, ich könnte über andere schreiben, ich könnte Roswitha von Gandersheim und Hildegard von Bingen nach ihrem Glauben, ihrem Leben ausforschen, ich könnte im Pietismus des 18. Jahrhunderts emanzipatorische Hoffnungen entdecken, ich könnte die Briefkultur der Frauen des Bürgertums von der Wende zum 19. Jahrhundert und das 19. Jahrhundert hindurch nach emanzipatorischen Einsichten und Erwartungen abtasten und keinen Widerspruch zum Christentum dieser vielen Frauen entdecken. Ich könnte die großen Namen der Frauenbewegung nennen – nicht nur Helene Lange und Gertrud Bäumer –, ich könnte das Werk christlicher Autorinnen (was immer das für ein Etikett sei) deuten, wie das der Gertrud von Le Fort, der Elisabeth Langgaesser, der Ina Seidel, und feststellen, daß für sie alle kein Widerspruch zwischen ihrer Selbstverwirklichung (die wir doch wohl mit Emanzipation meinen) und ihrer Religiosität bestanden hat. Ich könnte auf Jesus von Nazareth hinweisen, wie er sich mutig gegen die Vorurteile der Gesellschaft, in der er lebte, gewandt hat, wenn er Frauen, selbst sozial beinahe Ausgestoßene, anerkannt hat.

Doch ich bin angefragt, meine Geschichte zu erzählen. Und meine Geschichte beginnt fast ohne Religion.

Sicher, ich bin getauft worden, und zwar Pfingsten 1923 in der Heilandskirche in Moabit, so weist es der Taufschein aus. Doch meine Großeltern und Eltern hatten zur Kirche kein Verhältnis, soll ich sagen: kein Vertrauen?

Mein Großvater – ich wuchs in einer Großfamilie zwischen vier Generationen auf – hatte sich in der Armenpflege in Moabit und auf dem Beusselberg das Vertrauen in die Kirche abgewöhnt. In seiner Biographie gibt es früh schon Hinweise auf die Sozialdemokratie. (Er stammt, wie meine Vorfahren alle, aus einer Arbeiterzuwandererfamilie, die um 1870 herum als landlose Gruppe in die Stadt gezogen war.) Ganz gewiß hat er mit dem Hofprediger Stoecker und seiner Schrippenkirche in der Ackerstraße kaum etwas zu tun gehabt. Er wollte nicht Almosen geben, er dachte an grundlegende, also gesellschaftliche Veränderungen. Die Erziehung meiner Mutter war also beinahe kirchenfern, wenn sie auch getauft und konfirmiert worden ist und die kirchliche Trauung gegen meines Vaters Willen durchgesetzt hat. Mein Vater, ein Adoptivkind, gehörte keiner der christlichen Religionsgemeinschaften an. Sein Adoptivvater, der schon 1911 starb, war Freimaurer gewesen. Meines Vaters Erlebnisse im Ersten Weltkrieg, den er als junger Mann mitmachte, haben jeden Glaubenskeim in ihm erstickt. Seine Mutter wurde in den zwanziger Jahren eine Anhängerin Mathilde Ludendorffs, was niemandes Sympathie in der Familie fand, eher eine Bedrohung war und mit ihrem Selbstmord endete.

Ich lernte als kleines Kind (noch im Gitter des Kinderbetts) flüchtig und heimlich beten: Ich bin klein, mein Herz ist rein, soll niemand drin wohnen als Jesus allein. Aber ich erfuhr nicht, wer Jesus war. Die Begegnung mit der christlichen Überlieferung fand erst im ersten und zweiten Schuljahr statt; die Passionsgeschichte packte mich so heftig, daß ich in Tränen ausbrach. Mit wahrer Leidenschaft besuchte ich den Kindergottesdienst; mein Lehrer spielte dort die Orgel, – das war in Oberschöneweide, einem Arbeitervorort im Osten Berlins, wo meine Eltern ihre erste eigene Wohnung fanden, als schon eine Schwester geboren und die Enge in der Moabiter Wohnung fast unerträglich geworden war.

In dieser Zeit begann ich wie besessen Gedichte zu schreiben, die Geschichte Jesu nachzuerzählen, das Karfreitagserlebnis darzustellen und mein kindliches Versagen in der Liebe, meinen Trotz, meine Unausstehlichkeit in diese Gedichte einzubringen – als Selbstanklage. Da war niemand, der mir sagte, daß das Entwicklungsschübe waren; die Eltern hatten Sorgen genug, denn mein Vater war seit dem schwarzen Freitag 1929 arbeitslos.

Christentum?

Ich lernte beten, als wir 1932 in die Stadt zurückzogen, weil meine Eltern die Wohnung nicht mehr bezahlen konnten. Die Religionslehrerin kam mir falsch vor, auch wenn sie von meinen Gebeten angetan war. Sie war denn auch eine der ersten Parteigängerinnen Hitlers noch 1933. Das machte mich mißtrauisch. Meine Eltern und Großeltern waren keine Freunde Hitlers.

Der Religionsunterricht hörte auf, wichtig für mich zu werden. Noch einmal, als Sextanerin und Quintanerin (1933 und 34) gab es bewegende Augenblicke an jedem Montag morgen, wenn der Wochenunterricht mit einer Andacht begonnen wurde und ein sehr alter Professor wie mit Zungen redete. (Er mußte die Schule bald verlassen; er sei alt genug, hieß es.) Erst als die Nachricht von Pastor Niemöllers Verhaftung uns in der Friedenauer Oberschule erreichte, war das wie ein Zusammenzucken, wenn ich auch noch immer gegenüber der Kirche gleichgültig war. Die Gretchenfrage anläßlich des Konfirmationsunterrichts wurde von den Eltern gelöst, die weder in die Kirche gingen noch einen Pfarrer kannten, also auch nichts von der Barmer Erklärung wußten. Mein Vater spottete ohnehin ständig über die Frommen. Ich kam also zu einem Deutschen Christen, während einige meiner Freundinnen zu dem Pfarrer der Bekennenden Kirche gingen. Wir tauschten uns aus. Ich beneidete sie, daß sie zu Hause von ihren religiösen Unsicherheiten sprechen konnten. Ich war sehr allein. Doch durch diese Freundinnen und dank einer Lehrerin, die Latein und Religion unterrichtete, kam ich in das Umfeld der Bekennenden Kirche. Wir trafen uns wöchentlich, nahmen Bibeltexte durch, erfuhren, was zu tun möglich war. Ich entdeckte eine Wirklichkeit, die ich zuhause verbergen mußte. Meine Mutter hätte mich vielleicht verstanden, aber sie war von dem Druck, den meines Vaters Ratlosigkeit auf sie ausübte, ebenso verstört wie von der Verabschiedung vieler jüdischer Freunde und vom hilflosen langsamen Hinsterben meines Großvaters, der nicht verstehen konnte, daß die Nazis herrschten. Ich sehe ihn in seiner Sofa-Ecke, blaß, hilflos, – er hatte Leukämie. Sein Leben war ihm zerfallen;

alles, was er getan, gehofft hatte, war ihm zerstört worden. Geistig Kranke waren abgeholt worden, er hatte es nicht verhindern können; die Ärzte, mit denen er zusammengearbeitet hatte, waren in die Emigration gegangen; noch immer hatte er Verbindung mit jüdischen Familien in Bedrängnis, konnte aber kaum viel helfen – und im Radio die Nachricht vom Münchener Abkommen. Ich nahm seine Hand, ich weiß nicht, ob ihm das etwas bedeutet hat.

Meine Einsegnung war scheußlich. Mein Vater betrunken, ein wüster Streit mit den Gästen, die auf Hitler schworen; die Angst meiner Mutter, daß sie den Vater abholen würden, denn die Fenster standen auf, und so ein Mietshaus mit seinen hundert Ohren ist ein unsicherer Ort.

Und doch kam ich von der Geschichte des Mannes aus Nazareth so wenig los wie von der Schöpfungsgeschichte. Da war der Pfarrer Lokies, der immer wieder in Haft kam, da wurde Bonhoeffer mehr als ein Name. Das waren Erfahrungen, die ich mit niemandem teilen konnte; sie spiegelten sich in meinen Tagebüchern dieser Jahre, deren Hauptthema die Gott-Suche war.

Und was hat das mit Emanzipation zu tun? Mit meiner Emanzipation als Frau?

Herzlich wenig, meine ich.

Und – sehr viel.

Ich löste mich aus Vorurteilen, ich lernte mich als ein Mensch sehen, nicht als Mädchen, als Frau. (Ich wäre immer noch lieber ein Mann gewesen in diesen Jahren, ausgesetzter.)

Ich versuchte, nachzuholen, was mir an Kenntnissen fehlte, nicht sehr eifrig, – der Lebensalltag des Nachkriegs ließ wenig Zeit. Ich wurde nicht fromm, wenn das heißt, eine getreue Kirchengängerin zu sein. Ich setzte mich mit dem Neuen, dem Alten Testament auseinander, ich schrieb ein Judas-Drama, versuchte in einem Schauspiel die Figur des Moses und seine Gesetzfindung zu deuten. Ich las und lese die Bibel nie wie ein Theologe sie liest, sondern als ein Buch, das von Menschenschicksalen berichtet, von den Grenzen menschlichen Willens, von Erfahrungen, die die menschliche Willenskraft aufsprengen.

Mich als Frau zu behaupten – mit allen den Fähigkeiten des Nachgebenkönnens, der Geduld, des Verstehens und Verzeihens – und doch auf ein Ziel gerichtet, das ich mit der Emanzipation der Menschen nur sehr allgemein umschreiben kann, das hat mit meinem Christsein, mit meiner Nähe zu dem Menschen Christus, mit meinen Fragen nach der Geschichte des Christentums und seiner Ketzerbewegung wohl kaum etwas zu tun.

Oder haben Beispiele eben doch mit uns, mit jedem von uns, also auch mit mir zu tun? Sind die Versuche, die Jesus zeitlebens immer wieder gemacht hat, Gerechtigkeit für alle, auch für die Ausgestoßenen zu fordern, zu leben, Ermutigung?

Vielleicht habe ich ihn so verstanden. Und jedenfalls verstehe ich Emanzipation der Unterprivilegierten, also auch der Frauen, so. Gerechtigkeit herzustellen ist das Schwerste, weil das, was Recht, also jedermanns Recht ist, so unscharf umrissen bleibt und von Gesetzen, Ideologien, Utopien – und Machtinteressen immer wieder eingeengt wird.

Ich bin keine Musterchristin. Eher bin ich meinem Großvater nahe, wenn er da Tag für Tag in den Hinterhöfen von Moabit und dem Beusselberg nach denen gesehen hat, in deren Stuben kaum einmal die Sonne hineinreichte. Von ihm weiß ich, wieviel die Frauen ausgehalten, vorangebracht haben, trotz der Verstörung und Abnutzung in der Ehe. Emanzipation der Frauen heißt für mich vor allem das: Ins Licht rücken, was Frauen Jahrhunderte lang unbemerkt, namenlos gelebt haben (also Herstellung einer vernachlässigten Gerechtigkeit).

GABRIELE MILLER, Dr. theol. h. c., geboren 1923 in Winzingen, Studiendirektorin. Studium der Pädagogik, Volksschullehrerin, Theologiestudium, Religionslehrerin an verschiedenen Schularten. Autorin und Herausgeberin von spirituellen, biblischen und religionspädagogischen Publikationen. Religionspädagogische und theologische Mitarbeiterin im Bischöflichen Ordinariat in Rottenburg.

Ich fühle mich eigentlich ganz wohl dabei

Die kleine Dorfkirche, neben der ich geboren bin, war plumper Bauernbarock, keine große Kunst, aber sie war „heimelig" und vermittelte Geborgenheit. In große Kunst hineingewachsen bin ich in „Großvaters Kirche"; von der Orgelempore herab; lange lateinische Messen hindurch suchte ich Neues in den großen bunten Fenstern des Münsters, oder mein Blick verirrte sich im Hin und Her des gotischen Netzgewölbes von Rippe zu Rippe, von Säulenbündel zu Säulenbündel. Großvater saß auf dem Orgelbock und manchmal – Sonntag nachmittags bei der Andacht – durfte ich neben ihm sitzen. Nicht nur mit allen

Fingern, auch mit den Füßen spielte er – zu meinem Vergnügen; es war wie ein rauschendes Meer, das mich trug. Der orgelspielende, fromme, mich aber niemals belehrende Großvater mütterlicherseits wurde ergänzt vom geschichtenerzählenden, dabei aber sehr bestimmenden Großvater väterlicherseits. Mit seiner Fabulierkunst hat er nicht nur die kleine Enkelin fasziniert. Was er erzählte, waren keine frommen Geschichten – das gab's zwar auch dazwischen –, es war eher ein buntes Gemisch vom Land und den Leuten, bei denen wir lebten, von ihrer Geschichte und ihrem Geschick.

Meine Großväter haben mich mehr geprägt, als ich damals merkte. Und das waren immerhin Männer; das sei gleich zu Beginn vermerkt als Ausgleich für alles, was ich in den folgenden Zeilen wohl Kritisches – und sicher auch Einseitiges – über das andere Geschlecht zu sagen mich anschicke. Meine Großväter und vor allem meine so umwerfend pragmatisch denkende Mutter, die den Höhenflügen und Ideologieanfällen des Vaters ihren gesunden Menschenverstand entgegensetzte – sie haben mich davor bewahrt, allzu theoretisch sich gebenden Ambitionen zum Opfer zu fallen.

Der etwas strenge Pfarrer gehörte im Dorf sozusagen zum lebenden Inventar. Er machte mir wenig Eindruck, obwohl der Vater für seinesgleichen sehr eingenommen war. Von der Grundeinstellung meines Vaters her hätte ich sogar recht anfällig für strengen Dogmatismus geraten müssen: doch mein Vater ist zugleich von einer so überzeugenden, menschlichen Güte, daß man sich wundern muß, wie beides sich in einem Menschen vertragen kann. Der Dorfpfarrer hat des Schulmeisters Kind mit einiger Distanz behandelt; doch das beruhte auf Gegenseitigkeit. Wenn ich mich an meine Kindheit erinnere, kann ich nicht berichten, daß Glaubenszweifel mich plagten. Ich wundere mich darüber, wenn Freunde mir von den ihrigen erzählen. Sehr deutlich vor Augen und lebendig in Erinnerung ist mir eine Religionsstunde; es mag im zweiten Schuljahr gewesen sein. Der Pfarrer erzählte uns viel und Aufregendes von Sünde und Strafe und Hölle und unversehenem Tod. Doch mich berührte das kaum; ich habe mich nicht einmal dagegen gewehrt. Ich sehe mich noch in der kleinen hölzernen Zweisitzer-Schulbank zu den Zwetschgenbäumen im Nachbarsgarten hinausschauen und denken: „Das glaub ich nicht". Wahrscheinlich verdanke ich es der Nüchternheit meiner Mutter und der Güte meines Vaters, den lieben Gott und den gesunden Menschenverstand nicht als Gegensätze kennengelernt zu haben. Meine sehr zarte und kunstliebende Mutter war immer gegen „verschrobene Theorien" immun, und das ist sie bis zum heutigen Tag.

Im Dorf erlebte und lebte man damals alles mit, was kirchliches Leben hieß. Es gab Heerscharen von Ministranten. Ich erinnere mich nicht, daß mich Trauer befiel, hier nicht „mitmachen" zu dürfen. Im Grunde ist das bis heute so geblieben. Ich mag nicht „prinzipiell" auf die Barrikaden gehen für das Priesteramt der Frau (wenn die Kirche es „wirklich braucht", dann wird sie es auch bekommen); aber ich kann mich sehr in Rage reden, wenn die Gründe, die dagegen vorgebracht werden, allzu fadenscheinig sind.

Man kann als Frau in der Kirche und gar im kirchlichen Dienst groteske Dinge erleben. Es gehört zum Alltag, meist nur Männer als Gesprächspartner zu haben: Man nützt das auch aus, und man hat einen „gewissen Stil des Umgangs" entwickelt. Man weiß, daß man tüchtig arbeiten muß, wenn man als gleichberechtigtes Mitglied – etwa in Kommissionen – angenommen und nicht nur als Gast, als schicke Verzierung, als Alibifrau – geduldet werden will. Und man macht dabei so seine Erfahrungen!

Auch mit guten Freunden klerikaler Provenienz kann einem als Frau Wunderliches begegnen. Da arbeitet man zusammen, diskutiert miteinander, argumentiert hart und wird – selbst als Frau – voll akzeptiert mit dem, was man vorbringt und leistet. Aber dann, ganz unvermittelt, kann es passieren, daß alle zusammen vergessen, daß Laien allgemein und Frauen insbesondere auch Menschen sind. Bei der Eucharistiefeier ziehen sie gemeinsam wie die Erzengel in den Chor, schließen den Altarraum zu und sind unter sich. Und sie merken es nicht einmal, daß andere „draußen" stehen; sie sind vielmehr höchst verwundert, wenn man sich anschließend beschwert. In solchen Situationen falle ich aus der Rolle – sehr zum Verwundern (und Mißfallen) der Männer (wie auch etwa vorhandener angepaßter Frauen).

Beim Schreiben wird mir bewußt, daß ich eben in die Rille komme, die ich eigentlich vermeiden will. Ich kann nämlich eine gewisse Tonart emanzipiert-feministischer (oder wie auch immer zu nennender) Gruppen nicht ausstehen. Doch eh man sich's versieht, sitzt man im gleichen Boot. Man darf auch nicht laut denken und seine Eindrükke über Verhaltensweisen in einer Männerkirche mitteilen, schon wird man „in jenen Topf" geworfen. Dabei habe ich sehr wenig Lust, Geschlechterrollen in Lagerkämpfen zu verteidigen und zu verfestigen.

Ich möchte mich lieber mit jenen Psychologen verbünden, die weder einen Geschlechter-Einheits-Brei kredenzen, noch Geschlechter-Eigenarten koscher auseinanderhalten wollen. Beides ist von Übel; aber es gibt tatsächlich menschliche Eigenarten und Haltungen, Eigenschaften und Fähigkeiten, die Frauen näher liegen, und andere, die Männern mehr entsprechen. Unsere Unsicherheit in diesen Fragen liegt wohl an den Folgen einer langen Erziehungsgeschichte. Was „man" tut, weiß Mann, und auch Frauen tun, was „man“ tut – oder sie benehmen sich „daneben“ – im besten Falle so, wie es vielleicht zu Haus am berühmten Herd gestattet ist, aber eben nicht im „feindlichen“, sprich: öffentlichen Leben. Solch banale Klischees zu wiederholen ist fast gegen den guten Geschmack, und doch: Wir verhalten uns alle hundertmal am Tag entsprechend (und in der Kirche noch ein Mal mehr). Vieles, was als „spezifisch weiblich“ und „spezifisch männlich“ gehandelt wird, ist Produkt einer bestimmten Rollenerziehung, in die wir alle hineinverstrickt sind, ob es uns gefällt oder nicht.

Dabei bin ich überzeugt, daß „typisch weibliche“ Eigenart dem kirchlichen Leben und dem Gedeihen des Evangeliums so gut täte. Das möchte ich etwas genauer skizzieren: Man sagt, Frauen könnten beweglicher und anpassungsfähiger sein; man sagt, sie seien weniger grundsatzideologieanfällig; man sagt, sie hätten mehr Sinn für das, was die lebendige Situation erfordert; man behauptet auch, sie seien weniger leicht über einen Kamm zu scheren als manche Vertreter des männlichen Geschlechts.

Wenn das stimmt und wir Frauen tatsächlich weniger ideologieanfällig sind (im Blick auf meine Mutter kann ich das nur bestätigen), dann könnten wir auch sensibler sein für die Vielfalt gelebten Glaubens. Wir könnten viel offener sein für konkrete Situationen und auch dieser Vielfalt zum Ausdruck verhelfen. So wie jeder Mensch anders ist und anders sich gebärdert, so ist auch jede Glaubensbiographie anders; verschieden ist auch die Sprache, in der jeder darüber redet. Frauen könnten mit ihrer Eigenart zeigen, wie hilfreich es ist, weniger uniform zu denken, als es vielleicht Männern gemäß erscheint. Vielleicht wären Frauen weniger schnell bereit, einen bestimmten Gedanken gleich mit dem Etikett der Ketzerei zu versehen. Vielleicht wäre es so auch möglich, daß mehr gelassenes Verständnis für Einseitigkeiten in der Kirche sich Bahn schafft und damit auch für Originalität. Mehr Raum für Suchbewegungen könnte es dann geben; denn das Leben muß sich immer wieder neue Formen und Wege schaffen.

Man sagt auch, Frauen seien ihrer Eigenart nach zäher; sie hätten mehr Durchhaltevermögen in Katastrophensituationen. Solche Fähigkeiten hat die Kirche immer gebraucht. Frauen haben seit dem ersten Karfreitag Katastropheneinsatz geleistet in Situationen, die Männern bedrohlich und aussichtslos erschienen, so daß diese sich hinter kirchlichen Türen und Mauern verschanzten. In solchen Krisenzeiten können sich Frauen herauswagen und inzwischen tun, was notwendig ist. Unerschrocken können sie nach dem Rechten schauen, bis die Männer sich wieder aus dem Ghetto heraustrauen. Vielleicht haben sie inzwischen sogar „das Grundsätzliche geklärt“!

Frauen sollten für die Kirche ihre Phantasie einsetzen und sich dabei von den Männern nicht an die Wand spielen lassen. Es hat in der Geschichte der Kirche immer wieder neue Aufbrüche gegeben. Warum sollten es heute nicht Frauen sein, die aus alten Geleisen herausführen? Vielleicht aber sollten wir es nicht an jenen Stellen versuchen, die von den Männern so eifersüchtig bewacht werden.

Damit komme ich an die Grundfesten männergeprägter Kirchenstrukturen. Ärgerlich sind für mich weniger jene Kirchengesetze, die von den Männern gehütet werden, als hätte der liebe Gott persönlich sie auf die Erde gebracht; ärgerlich ist mir vor allem die Art, mit der sie solche Gesetze verteidigen und die Methode, mit der sie unsereinem weismachen, daß „das nicht geht“, daß man „so nicht denken dürfe“ . . . Ich denke aber so – verdammt noch mal! So etwas raubt mir die Fassung; dann ertappe ich mich beim Einsatz für Dinge, an denen mir eigentlich nicht so viel liegt. Diese Gesetze ach so menschlichen Rechts – sollen sie meinetwegen bestehen bleiben, aber ich lasse sie mir nicht gerne vorsetzen als solche göttlichen Ursprungs.

Ist wirklich ein so großer Unterschied zwischen dem Empfinden von Männern und Frauen? Es gibt schließlich auch männliche Laien in der Kirche, – geht denen solches Gehabe weniger auf die Nerven? Fast habe ich den Eindruck. Ich habe sie auch im Verdacht, daß ihnen theologische Chiffren an Stelle herzhafter Glaubenssprache weniger Mißbehagen bereiten. Glauben Frauen auf andere Weise? Ich kann darauf keine Antwort geben; ich kann nur sagen: Es gibt eine Weise zu glauben, die mir mehr liegt – mir näher ist als andere Glaubensweisen. Diese anderen Glaubensweisen finde ich meist in Texten und Verlautbarungen, in theologischen Abhandlungen, die von Männern verantwortet sind. Und solche Theologen(un)sprache wird herausgegeben als Sprache, in der der Glaube lebt. Wenn ich hier den Kopf schüttle, ist das nicht Arroganz, es ist ganz einfach Unverstehen.

Ich fühle mich wohl bei chassidischen Geschichten, bei Legenden von Heiligen, ohne moralische Anwendung. Ich habe genug an einem Stück Bibel und habe darin meist schon die „ganze Wahrheit". Ich freue mich an einem Bild, das mir den Glauben vergangener Zeiten überliefert, auch wenn mir jeder Kunstkenner an Wissen überlegen sein mag. Die Musikkassette im Auto (und nicht nur dort) hat mir geholfen, viel kirchlichen Ärger (und anderen auch) zu überwinden und einzuordnen. Ich bin froh über Sätze, mit denen man leben, die man beten kann, ohne ein theologisches Seminar besuchen zu müssen – über Sätze, die gelten und durchtragen, auch wenn Leid und Tod ins Haus kommen.

Ich weiß nicht, wie man das macht: zu glauben und seinen konkreten Alltag – seinen „Kruscht", wie man schwäbisch sagt – auszuklammern. Wenn ich dem lieben Gott davonlaufe, dann laufe ich ihm nicht theoretisch, sondern mit meinem konkreten Alltag davon, – ich kümmere mich nicht um ihn und tue so, als gäbe es ihn nicht. Und doch wußte ich auch in den lauesten und flauesten Zeiten, daß er mich „an der Angel hat". Er läßt mich nicht los; und das ist nicht unangenehm, sondern beruhigend. Auf weite Strecken läßt er mich machen; manchmal läßt er mich eher gewähren, wenn ich ihm den Rücken kehre, – ihn sozusagen nicht zuschauen lasse, bei dem, was ich so treibe – und sei's ein theologisches Geschäft! Wenn ich aber nach ihm frage – wenn ich ihn frage, was er von mir will –, dann will er meist mehr, als ich freiwillig zu geben bereit bin. Nicht immer gelingt mir's, ausgeglichen zu sein. Im Gegenteil, ich errege mich schnell und engagiere mich bis über die Ohren; aber im tiefsten Grunde bin ich doch gelassen – da steht alles auf tragfähiger Basis.

Auch wenn es anmaßend klingt, es sind einige Worte, der ganz Großen, die mich begleiten: „Nichts soll mich ängstigen" (Teresa von Avila) – „Schenk mir die wahre Großmut" (Ignatius von Loyola) – „Nimm alles von mir, was mich hindert zu dir" (Nikolaus von der Flüe) – „Gott allein genügt" (Teresa von Avila) – „Wo ich gehe, Du" (Martin Buber). Oder es ist ein Psalmvers, der mich nicht losläßt: „Wenn ich gehen muß in dunkler Schlucht" (Ps 23,4) – „Mit meinem Gott überspringe ich Mauern" (Ps 18,30) . . ., auch wenn ich manchmal mit Füßen stampfe und gar nicht so behend über Mauern und Hürden springe – und wenn mir im konkreten Fall der liebe Gott gar nicht genügen mag! Grundsätzlich möcht ich's mit dem heiligen Ignatius halten, der dafür war, alles so zu tun, als ob alles von mir und nichts von Gott abhinge und zugleich mich so zu verhalten, als ob's allein auf Gott und nicht auf mich ankäme.

Wenn ich so vor mich hindenke, was mir am Glauben

wichtig ist, *wie* ich glaube, ob ich so anders glaube als zum Beispiel Männer, – dann kommt mir die Frage in hohem Maß merkwürdig vor. Ich weiß gar nicht, wie anders man glauben soll oder kann. Ich habe nur den Eindruck: von sogenannter männlich-kirchlich-(pseudo)theologischer Erziehung verformt verwechseln manche Männer (und leider sind das oft jene, die in der Kirche das Sagen haben) die Sprache ihrer Theologie mit der Sprache des gelebten Glaubens. Sie lassen die Sprache des Glaubens nicht hochkommen – verdrängen sie – geben ihr keinen Raum – schlagen sie tot –, bis dann eines Tages einer kommt und die „narrative Theologie" entdeckt! Dann wird das Gestammel von unsereinem wieder hoffähig, ohne daß er erst definitorische Worthülsen benützen muß, um das, was er glaubt, darin einzufüllen.

Bei theologischen Diskussionen und Auseinandersetzungen, mit denen ich eine gute Zeit meines Lebens verbringe, bin ich oftmals dabei, insgeheim (oder auch laut) zu seufzen: „Ich möchte bloß wissen, was der glaubt!", – „ob der von dem lebt, was er da sagt?" Nicht als wollte ich einem Diskussionspartner seinen Glauben absprechen und etwa überheblich sagen: der glaubt nichts; sondern das ist mir eine echte Frage. Wie kann ein Mensch von solchen Begriffen leben, kann er an festgefrorenen Denkmustern sein Leben festmachen? Ob es Zufall ist, daß jene Gesprächspartner – in einer von Männern besetzten Kirche und Theologie – meist Männer sind? Ich erinnere mich zumindest nicht, diesen Seufzer – auf eine Frau bezogen – je ausgesprochen zu haben.

War's das Milieu, in dem ich aufwuchs – waren es die Menschen, die mich begleitet haben, war's die Tatsache, daß ich eine Frau bin, – daß ich so bin, wie ich bin, und so glaube, wie ich glaube? Ich fühle mich eigentlich ganz wohl dabei.

SILVIA GÖRRES, geboren 1925 in Stuttgart. Studium von Philosophie, Psychologie und Pädagogik in den Jahren 1944-1950. Seit 1950 verheiratet mit Albert Görres. Ausbildung am Institut für Psychoanalyse unter Alexander Mitscherlich in Heidelberg bis 1954. Neben dem Beruf als kinderreiche Mutter freiberuflich in eigener Praxis als Psychotherapeutin seit 1953. 11 Jahre lang ehrenamtlich tätig in der Lebenshilfe für geistig Behinderte. Veröffentlichungen: Leben mit einem behinderten Kind (1974), zahlreiche Aufsätze in verschiedenen Zeitschriften zum Thema Erziehung, Integration von geistig Behinderten in Familie und Gesellschaft.

Meine Lektion der Abrahamsgeschichte

Wann ist mir in meinem Leben zum ersten Mal Glaube begegnet, als Bekenntnis und Lebensgrundlage eines anderen Menschen, als geistige Entscheidung für die Wahrheit der Offenbarung, als Hilfe zur Bewältigung der vielfältigen Lebensprobleme wie Schuld und eigenes Versagen, Krankheit, Leid und Tod?

Ich erinnere mich nicht, in der Kindheit je bewußt einem glaubenden Menschen begegnet zu sein. Gebetet wurde bei uns vor dem Essen und dem Einschlafen; aber von dem Gott, den wir dabei anredeten, war niemals die Rede.

Aufgewachsen bin ich in einem großzügigen, liberalen Elternhaus, beide Eltern übten einen künstlerischen Beruf aus, ständig kamen Gäste ins Haus. Wir Kinder lernten früh, an den Freundschaften und Interessen der Eltern teilzunehmen. Aber das Wort „Christ" oder „Kirche" habe ich niemals im Munde meiner Eltern oder in Gesprächen gehört. Außer zu den Konfirmationen der Kinder betraten die Eltern eine Kirche nur aus kunsthistorischem Interesse. In der Volksschule wurden evangelische und katholische Kinder in getrennten Gebäuden unterrichtet, auf dem Schulhof fanden wilde Kämpfe statt, Schimpfworte wie „Katholiken sind verlogen, Evangelische sind bigott", fielen hinüber und herüber. Seltsamerweise wurden wir Kinder von unseren Eltern häufig in die sogenannte „Sonntagsschule" geschickt, an der ich gerne teilnahm, weil ich biblische Geschichte spannend fand. Tief prägte sich die erste Begegnung mit der Geschichte aller Geschichten ein: von Abraham, der aufbrach, um seinen Sohn zu opfern. Er liebte den Sohn mehr als sich, er war bereit, in ihm sein Lebensglück, die Erfüllung seiner Sehnsüchte und Hoffnungen, seine Freude zu töten. Führt Gehorsam gegen Gott über Leichen, fragte das Kind: ist dieser Gott, der solche Opfer verlangt, ein liebender oder nicht viel mehr ein grausamer, menschenferner Gott? Werden Lieblingskinder geopfert, fragte das Kind, das sich selbst als ein solches fühlte –, oder ist das eine Männergeschichte, die Frauen nicht betrifft? Abraham war ein guter Vater, keiner, gegen den man revoltierte, dem man mißtraute, dem man davonlief – das Kind hatte es leicht damit, weil es den eigenen Vater nur als gütig erlebte –, Isaac konnte sich auf ihn verlassen und ihm vertrauensvoll folgen. Aber was ging in dem Sohn vor, als der Vater seine Fragen nicht beantwortete, als erst der Widder im Busch beide aus Unsicherheit und Angst befreite? Die Botschaft vom geopferten Leben als angemessener Antwort auf den Anruf Gottes prägte sich dem Kind wie unzähligen anderen jungen Menschen tief ein, wurde zur Leitlinie späterer Entwicklung und Entscheidungen.

Aus unserer sonntäglichen Bibelstunde entwickelte sich ein kleiner Kreis, der sich wöchentlich traf, später wuchs daraus eine Jugendgruppe. Inzwischen waren die Naziorganisationen entstanden, viele der Jugendlichen wechselten in HJ und BDM; unser Kreis blieb bestehen mit wenigen an biblischen Fragen interessierten jungen Mädchen. Eine davon war Halbjüdin, durch sie erfuhr ich zum ersten Mal hautnah und unausweichlich von den Übergriffen der Nazis, vor denen mein Vater uns vom ersten Augenblick der Machtübernahme an beständig warnte und denen gegenüber er uns zu konsequenter Ablehnung und größter Vorsicht mahnte.

Immer mehr wurde die evangelische Jugendgruppe für mich zu dem Ort, an dem ich Freundschaften fand, meine Fragen und Probleme und vor allem auch die politische Meinung offen aussprechen konnte. Das Motto und die Basis dieser Gruppe war ein neutestamentlicher Satz, aber ich kann mich nicht mehr erinnern, wer ihn ausgewählt und zum Ausgangspunkt unserer Ziele in der Jugendarbeit geprägt hatte. Er steht bei Joh. 7,17: So jemand will des Willen tun, der wird innewerden, ob diese Lehre von Gott sei, oder ob ich von mir selbst rede.

Im Tun lag die Chance der Erkenntnis, zum Innewerden; falsches Tun führte zu falschen Erkenntnissen, zu Fehlentscheidungen, führte in die um uns herum geltende gefährliche Weltanschauung, in Gottesferne und vielerlei Irrtümer. Tun und Erkennen hängen zusammen, müssen vereinbar sein.

Manchmal schüttelten meine Eltern den Kopf über meinen Eifer für religiöse Fragen, für diese ihnen fremde „Sache mit Gott"; aber da sie mich immunisierte gegen die Naziideologie und damit ihrer politischen Überzeugung entsprach, ließen sie mich gewähren. 1941 mitten im Krieg wurde in unserem von einer militanten Nationalsozialistin geleiteten Mädchengymnasium der Religionsunterricht verboten. Ein Häuflein Gleichgesinnter zog zu einem evangelischen Oberkirchenrat, der uns privat in seiner Wohnung unterrichtete. Meine bohrenden Fragen nach dem Sinn dessen, was um uns herum geschah – Judenverfolgung, Verbot kirchlicher Aktivitäten, Verschleppung von Pfarrern in KZ –, wurden in diesem ausgesparten Raum biblischer Exegese vorsichtig abgewehrt, jedenfalls nach meiner Erinnerung zu wenig beantwortet. Als mir eine katholische Mitschülerin – in meiner Klasse waren Katholiken eine Minderheit – von ihrem Religionsunterricht erzählte, fragte ich, ob ich nicht auch daran teilnehmen könne. Der evangelische Oberkirchenrat erfuhr davon, er bestellte mich zu einem ernsten Gespräch unter vier Augen; ich kam mir vor, als hätte ich Rassenschande begangen. Im Leitungsteam der evangelischen Jugend wurde überlegt, ob man mir noch weiter meine Aufgaben als Jugendführerin unserer Gemeinde überlassen könnte. Diese konfessionelle Enge war mir unverständlich angesichts des feindlichen Regimes, das Christen, gleich welcher Konfession, bereits damals heftig bedrängte. Niemöller war schon in Dachau. Die Kirchen galten für mich vor allem als Hort des Widerstandes, als letzte Bastion der Humanität. Zu Ende des Krieges im letzten Sommersemester, ehe der Universitätsbetrieb zusammenbrach, begann ich das Studium und schloß mich der evangelischen Studentengemeinde an. Mit einigen Freunden suchten wir nach ökumenischen Lebens- und Glaubensformen und gründeten einen Una-

Sancta-Kreis. Es war für mich eine neue, unerwartete Erfahrung, die den übernommenen Meinungen von Elternhaus und Schule widersprach: daß man „gebildet und katholisch“ sein konnte. (In meiner Klasse stammten die wenigen katholischen Mitschülerinnen aus einfachen Verhältnissen, es war keine „Akademikertochter“ darunter.) Heute scheint mir diese Sicht gleicherweise naiv wie arrogant, aber die Götter des Elternhauses waren eben Dichter und Musiker, liberale Denker wie Jakob Burkart und Oswald Spengler, verbotene Schriftsteller wie Thomas Mann und Heine. Außer Johann Seb. Bach, dessen Oratorien ich in einem Chor mitsang, war kein Christ darunter. Die Emanzipation vom Elternhaus bestand in der Hinwendung zu einer geistigen Dimension, in der es Verantwortung gegenüber dem intellektuellen Gewissen und in der es Gehorsam gegenüber einer Person gab, deren Name zuhause niemals genannt worden war: Jesus Christus.

Die entscheidende Einsicht für mein weiteres Leben war einfach und eindeutig: Wenn Gott Mensch geworden ist in diesem Jesus Christus, ergeben sich daraus unabsehbare Konsequenzen für jeden einzelnen, also auch für mich. Aber die Frage der Schriftautorität, des Amtsverständnisses, die damaligen Formen evangelischer Gottesdienste und Abendmahlsfeiern, deren verschiedene, von theologischen Schulen abhängige Interpretationen führten unweigerlich in eine konfliktreiche Auseinandersetzung; sie machten es mir schwer, in der protestantischen Kirche der weiterlebenden Gestalt Christi konkret und leibhaftig so zu begegnen, wie es das Evangelium verheißen hat. Das einzig Wichtige bestand darin, eine Gemeinschaft zu finden, die die Gegenwart des menschgewordenen Gottes verbürgte, die versprach, daß sie den Willen Gottes vermitteln könne, daß er in ihr und nur da anzutreffen, zu verwirklichen sei. So führte der begonnene Weg folgerichtig über viele, wie mir rückblickend scheint, mehr psychologisch bedingte Hindernisse zur Konversion, und sie fand am Lätaresonntag 1946 in einem Klinikzimmer statt. Inzwischen hatte sich mein äußeres Leben grundlegend geändert. Eine lebensrettende Operation im Dezember 1944 brachte mich für nahezu zwei Jahre in die Zwangslage in einer Gipsschale. In der langen Liegezeit, in der ich nur Kopf und Hände bewegen konnte, in der wir zum Teil Bombenangriffe erlebten, ohne in den Keller transportiert werden zu können, in der von allen Nahestehenden durch lange Monate kein Lebenszeichen mehr kam, in der viel gehungert, auch angstvoll gezittert wurde um das Überleben, weil sich gleichzeitig russische und amerikanische Heere auf unseren Ort zubewegten, in dem es keine Zeitungen mehr gab und nur mit äußerster Vorsicht fremde Sender gehört werden konnten, in dieser Zeit erzwungener Ruhe las, dachte und betete ich mehr als in allen Jahren zuvor und danach; sie sind sozusagen das Reservoir, aus dem die Konversion und die späteren Lebensentscheidungen gespeist wurden.

Nach der Heirat begann ich mit der Ausbildung in Psychotherapie. Die Geburt der Kinder war jeweils wieder mit langen Liegezeiten, d. h. auch Lesezeiten, verbunden. Die Interessen blieben die alten: zu Theologie und Psychologie kamen Themen der Psychoanalyse und Psychotherapie. Der „Gotteskomplex“ ließ mich nicht mehr los, aber es gab damals noch keine spürbare Unvereinbarkeit zwischen Erkenntnis und Tun im Glauben und dem Tun im Alltag, in der Familie, in den ersten Erfahrungen des psychotherapeutischen Berufes. Glückliche Jahre!

Die Veränderungen kamen langsam, schleichend, die Verunsicherung wurde mir erst viel später bewußt, die Schwierigkeiten mit den Kindern wuchsen mit deren wachsenden Jahren. Da ich keine eigene Erfahrung mit einer religiösen, gar katholischen Kinderstube hatte, fiel es mir schwer, den Kindern spontan und unbekümmert von Gott und seinem Sohn, von seinen Heiligen und seiner Kirche zu erzählen. Durch die psychoanalytische Ausbildung hellhörig geworden für seelische Fehlentwicklungen, versuchten wir bei unseren Kindern, die Über-Ich-Verstärkung über das notwendige Maß der Gewissensbildung hinaus zu vermeiden. Geschockt von der „Pathologie des Christentums", wie ich sie aus Lektüre, Krankengeschichten, aus Gesprächen mit meinem Mann und Freunden kannte, gelang es mir nicht, eine unbefangen-katholische Familienatmosphäre zu schaffen, in der es außer den üblichen Gebeten eine herzhaft-gläubige Form der Marienverehrung, in der es Heiligenfeste, Namenstagsfeiern oder gemeinsame Beichtgänge gegeben hätte. Die „Schizophrenie" dieses Doppellebens war mir wohl immer halb bewußt, die unerfüllten Ansprüche blieben wie ein Stachel im Fleisch. Längst war der Konvertitenüberschwang Vergangenheit, der missionarische Eifer verebbt. Der Alltag war eine Realität, die alle Kräfte beanspruchte; die kühnen Träume von christlichem Leben in und mit einer Familie zerrannen zwischen häuslichen und beruflichen Anforderungen mit zu wenig Hilfe, fehlenden Tanten oder Großmüttern, die die Kinder einmal hätten übernehmen können, im Kampf um das notwendige Geld und die bedrängende Frage, wieviel Wohlleben den Christen erlaubt sei.

Die Geburt des fünften Kindes brachte eine innere Umstellung, denn dieses Kind war geistig behindert. Das konnte kein Zufall sein, kein Unfall der Natur, sondern die Last auf Maß, eine direkte Botschaft Gottes: Ein Kind nur zum Liebhaben, ein Kind, das augenscheinlich zu den „Geringsten Seiner Brüder" zählte. Als uns nach zwei Jahren noch Zwillinge geboren wurden, von denen wieder einer geistig behindert war, schien die Aufgabe klar vorgezeichnet: ich sollte und wollte alles tun, um bessere Lebensbedingungen schaffen zu helfen für diese benachteiligten, ins Abseits gedrängten Menschen. Im beständigen Umgang mit vielen dieser Behinderten lernte ich die eigentliche Lektion meines Lebens.

Aus der eigenen Betroffenheit erwuchs ein tieferes Verständnis für viele Aussagen des Evangeliums, deren ich bis dahin nie wirklich „innegeworden" war, vor allem für das, was Jesus gemeint hat, als er sich auf die Seite der Benachteiligten, der „Randexistenzen", wie man das heute nennt, gestellt hat. Wer mit Ihm leben will, steht auch am Rand. In den Benachteiligungen und in den verschiedenen kleinen und großen Behinderungen unseres eigenen Lebens und des der uns anvertrauten Menschen, unserer Kinder oder unserer Patienten, sollten wir Seine Handschrift erkennen, versuchen, den Code zu enträtseln, die Botschaft darin zu dechiffrieren. Auch Abraham verstand zunächst den Auftrag nicht, der ihm erteilt wurde – die Schrift spricht von seiner Versuchung –, und jeder Mensch kennt die Ratlosigkeit, das Rätseln angesichts von Erfahrungen und Situationen, die ihm unverständlich erscheinen. Nur die Erkenntnis, die aus geduldiger Zustimmung und aus Annahme des Auftrags, aus dem „Hier bin ich" des Abraham erwächst, ebenso wie aus dem praktischen Tun (Joh. 7,17), beantwortet „die Frage Wozu". Sie gibt Sinn in der Sinnlosigkeit des Leidens der Unschuldigen, der Kindernöte, des Hungers in der Welt, der Kriege und der Vertreibung der Flüchtlinge aus ihren Ländern, aber auch der Behinderten aus der heilen Welt der Gesunden.

Diese Gesunden, besser: die Nichtbehinderten, reagieren zunächst mit Angst und Abwehr gegen Leiden, – sei es das eigene, sei es das des anderen. Der Verdrängungsdruck der Gesellschaft gegenüber Behinderten ist nicht eine Errungenschaft der Neuzeit, wie sie sich auch in der Isolierung der Behinderten in Ghettos äußert, sie ist auch kein Produkt nazistischer Ideologie, sondern sie entspricht der ungetauften Natur in uns, die sagt: „Geh fort, damit ich nicht leide!“, wenn sie einem anderen begegnet, der nicht der Norm entspricht. Der mit Leiden Behaftete trägt aufdringlich-leibhaftig die Verwundung der menschlichen Natur an sich, er macht die Mangelhaftigkeit und Beschränktheit jedes menschlichen Wesens sichtbar. So wird „Wunde zum Zeichenwort für unser Leben“, wie Albrecht Goes einmal sagte, in besonderer Weise für das Leben des geistig Behinderten und seiner Angehörigen. Seine Abhängigkeit von anderen, seine Angewiesenheit auf überlegene Führung und Hilfe lehren einen Aspekt wiederzuerkennen, den der selbstherrliche Mensch der Neuzeit gerne übersehen würde, den er nur schwer wahrhaben kann: seine eigene Angewiesenheit auf andere, seine ihn demütigende Abhängigkeit von einem anderen, letztlich von dem, der Leben schenkt und nimmt. Für die Christenheit war zu allen Zeiten Stellvertretung ein zentraler Gedanke. Der Prophet Jesaia verweist auf den, „der unsere Krankheiten getragen und unsere Schmerzen auf sich geladen hat . . ., an dem keine Schönheit mehr war“. Geistig Behinderte sind Stellvertreter, weil sie das Stigma menschlicher Unvollkommenheit aufdringlich an sich tragen. Ihre Eltern sind Stellvertreter in einer anderen Weise, weil sie das Risiko aller Eltern, die ein Kind bekommen, als die sechs von den Tausend tragen, die es trifft. Es sind immer nur die einzelnen, denen wie Abraham das Opfer direkt zugemutet wird, ob sie es wollen oder nicht. Sie können es bewußt bejahen oder dagegen revoltieren. Die Abrahamsgeschichte war also keine Männer- sondern eine Menschen-Geschichte; Bereitschaft zum Opfer als Antwort auf Berufung, Bereitschaft zur Stellvertretung im Kleinen oder im Großen, – je nachdem, wo Gott den Menschen hinschickt oder hinstellt.

Ist diese Geschichte darum wichtig geworden für mich? Abraham bricht auf, als Gott ihn bei seinem Namen ruft. Irgendwann einmal in frühen Jahren bin auch ich gerufen worden, durch andere Menschen, durch die Lehrer und Freunde, durch den Partner, durch das rechte Buch zur rechten Zeit, durch Predigten – denn ich war ja ein evangelisches Kind, für das die Predigt identisch mit Gottesdienst war –, später durch die Lehre der Kirche, wie ich sie im Studium der Philosophie und Theologie kennenlernte. Es schien mir immer unbegreiflich, daß Abraham Gott nicht für einen Sadisten, für einen bösartigen Bestrafer hält, daß er sagt: „Hier bin ich“, obwohl er nicht versteht, was ihm zugemutet wird. Auch ich habe vieles nicht „verstanden“, manches schien mir zunächst unerträglich, aber immer war ich überzeugt davon, daß – wie Dorothee Sölle schreibt – „Leiden im christlichen Sinn nicht dazu da ist, daß unser Stolz gebrochen, unsere Ohnmacht erwiesen, unsere Abhängigkeit ausgenutzt wird. Das Leid hat nicht den Sinn, uns zu einem Gott zurückzuführen, der nun erst groß wird, da er uns kleingemacht hat.“ (Aus „Radius-Heft Febr. 1978). Abraham – das Vorbild des Glaubenden – verweigert sich nicht, hadert nicht, kehrt nicht um, und am Ende spricht der Engel zu ihm. Irgendwann einmal begegnen wir alle der Stimme, der Botschaft, dem Wort, das dem Sinnlosen Sinn gibt und uns die Antwort ermöglicht: „Hier bin ich.“

Ob Frauen anders glauben, war die Frage, die uns gestellt war. Daß sie anders leben, entspricht meiner Erfahrung. Sie sind mehr eingespannt in das empfindliche Netz familiärer Verpflichtungen, sensibler für Anforderungen der konkreten Situation; vielleicht haben sie ihre Antennen auch weiter ausgestellt für die Bedürfnisse und für die Nöte ihrer Mitmenschen. Jedenfalls leiden sie stärker unter Störungen des zarten Gleichgewichts menschlicher Beziehungen und vor allem unter dem Verlust an Geborgenheit in der Familie, die für viele mehr zu einer Kampfstätte als zum Hort friedlicher Beheimatung wurde. Sie tragen schwer am Auszug der jungen Generation aus ihren Familien und aus dem Glauben, fühlen sich dafür verantwortlich, weil sie befürchten, es fehle ihnen selbst an Glaubenskraft und Glaubenswärme, wenn sie ihre Überzeugungen nicht mehr vermitteln, ihre Kinder nicht mehr in Glauben, Liebe und Hoffnung bestärken können. Sie suchen nach neuen Idealen, die es ihnen ermöglichen, den verschiedenartigen Anforderungen in Ehe, Familie, Beruf und Gesellschaft zu entsprechen, ohne daß sie Schaden nehmen an ihrer Seele und ohne daß die Seele der ihnen Anvertrauten Schaden nimmt. Sie leben häufig mit Schuldgefühlen, die genährt werden von Erkenntnissen der Psychoanalyse und Psychotherapie, in denen aus den Müttern die Sündenböcke für die Fehlentwicklungen der Jugend und damit auch für viele gesellschaftliche Störungen gemacht werden. (In den USA nennt man die Psychotherapeuten mother-killers.) Zudem fühlen sich viele Frauen alleingelassen von einer Kirche, in der der patriarchalische Geist, das männliche Wort, gelegentlich auch eine zu stark zölibatär getönte Weltsicht mehr anzutreffen sind als das Element des Mütterlich-Weiblichen, in der die Stimme der Frau zu selten und zu dünn erklingt.

Abrahams Weg führte ins Ungewisse, aber er ließ sich nicht beirren in seinem Vertrauen und in seiner Hoffnung.

Ratlosigkeit und Mangel an Orientierung sind ein Kennzeichen unserer heutigen Situation als Frauen; als „Kinder Abrahams“ tun wir gut daran, ihm zu folgen, im Vertrauen und in der Hoffnung.

DOROTHEE SÖLLE, Dr. phil., geboren 1929 in Köln, Professorin, Schriftstellerin und Theologin. Seit 1975 am Union Theological Seminary in New York als Gastprofessorin für systematische Theologie, 1974 mit der Theodor-Heuss-Medaille ausgezeichnet. Mitglied des PEN-Club. Zahlreiche theologische, literaturwissenschaftliche und lyrische Veröffentlichungen. Lebt in Hamburg.

Nicht nur eine Erfahrung, sondern auch eine Aufgabe

Das Christentum wuchs langsam in mir. Wenn ich davon erzählen soll, was mich heute als Theologin bewegt, dann kann ich es nur tun, indem ich davon erzähle, wie sich politische und religiöse Erfahrungen in meiner Biographie niedergeschlagen haben. Was ich heute als „Feministische Theologie" zu formulieren versuche, wurzelt in diesen positiven und negativen Erfahrungen, die bis in meine Kindheit zurückreichen und die meine Entwicklung auch jetzt noch bestimmen.

Ich bin in der Nazizeit aufgewachsen und groß geworden mit den Bildungsmaßstäben eines Bürgertums humanistischer Prägung. Meine Eltern waren, ohne kämpfende

Widerständler zu sein, doch so weit Anti-Nazis, daß sie uns in dieser Haltung aufzogen. Wir haben als Kinder ausländische Sender gehört und wußten genau, daß darauf die Todesstrafe stand. Es war ein Aufwachsen in zwei Sprachen: einer, mit der man sich draußen verständigt und einer, die man nur zu Hause sprechen darf. Die Einübung in dieses kritische Bewußtsein gibt natürlich auch eine Unabhängigkeit des Urteils, Selbständigkeit und Freiheit vom Opportunismus, die im besten Sinne des Wortes „bürgerlich" sind. Das hat weiter gewirkt. Als wir in den 50er Jahren, eine Minderheit, gegen die Wiederbewaffnung der Bundesrepublik auf die Straße gingen, ging es ja auch nicht um die Durchsetzung etwa eines ökonomischen Interesses, sondern einfach um etwas, was man auf Grund der geschichtlichen Erfahrung mit Aufrüstung und folgendem Krieg tun mußte. Dieses unbedingte Streben nach dem Richtigen und Notwendigen war es vielleicht auch, das mich später dazu bewogen hat, Theologie zu studieren, ohne daß ich dabei konkrete berufliche Vorstellungen schon im Blick gehabt hätte. Diese sicher luxuriöse Ungenauigkeit hängt auch mit dem Frausein in einer bürgerlichen Umgebung und einer patriarchalischen Gesellschaft zusammen. Ich bin in dieser Umgebung auch dem Christentum begegnet. Diese Begegnung löste Spannungen aus, die ich nicht zusammenbringen konnte. Einerseits war ich immer wieder in Berühung mit Christen, die mir großen Eindruck gemacht haben, die etwa aus dem deutschen Widerstand kamen und die ihr Christentum lebten. Andererseits gab es für mich keine Möglichkeit, hinter die Aufklärung zurückzufallen. Und das Christentum existierte für mich hinter der Aufklärung. Mir konnte doch keiner irgendwelche Wundergeschichten erzählen. Es war lächerlich. Ich wußte nicht, wie das zusammenhängen könnte, daß man einerseits wie Bonhoeffer für die Juden eintreten und gegen Hitler kämpfen könnte und andererseits annehmen sollte, daß irgendein Mensch aus einer Jungfrau geboren wurde. Über eine junge Religionslehrerin, die aus der Schule Rudolf Bultmanns kam, habe ich sehr viel gelernt. Die Begegnung mit großen Christen hat mich fasziniert und immer mehr in das Christentum hineingebracht: Christen wie Kierkegaard, Simone Weil oder Pascal. Und sicher dahinter die Gestalt Jesu von Nazareth: Das war eine wichtige, sprechende Gestalt, die mich anzog. Ich habe dann angefangen, Theologie zu studieren, eigentlich nicht als voll bekehrter Mensch, sondern sozusagen auf der Suche nach dem, was Christsein wohl sein könnte. In der Universität habe ich mich fremd gefühlt, gerade wo ich richtig und ernsthaft studiert habe und das akademische Niveau sehr hoch war, in Göttingen z.B. Es ging mir oft so, daß ich in einem Seminar oder in einer Vorlesung saß und deutlich fühlte, daß da irgendetwas falsch war, daß etwas im Ansatz am Wesentlichen vorbeiging; ich konnte das nicht ausdrücken. Ich bin häufig rausgegangen. Plötzlich war mir dann, wenn ich auch noch mit jemand diskutieren konnte, meine Frage klar, und ich hätte sagen wollen oder können, was mich bewegte. Dann war es aber meist zu spät. Die Männer waren fixer und hatten das schnell in bestimmte Terminologien verpackt. Diese Akademisierung der Theologie, die meist noch mit männlichem Imponiergehabe verbunden war, läßt das Denken nur innerhalb bestimmter Terminologien zu und schließt durch einen vorgeschriebenen Abstraktionsgrad das aus, was einen existentiell bewegt. Durch diese Abstraktheit verbirgt sie aber auch ihre eigenen politischen Funktionen. Das war für mich etwas, unter dem ich sehr gelitten habe. Konkretion, Leibhaftigkeit, also Materialität wird in diesem abstrakten Reich der Gedanken vermieden, und so niedere Sachen wie Wirtschaftssystem kommen überhaupt nicht vor. Ich fühlte mich da nicht zu Hause, aber ich wußte nicht genau, warum.

Mir haben später amerikanische Erfahrungen geholfen, meinen theologischen Weg als Frau zu finden. Am Union Theological Seminary habe ich neue Erfahrungen gemacht, die dazu geführt haben, daß ich mich dort als Christ mehr zu Hause fühle als in Deutschland. Das hängt mit der einfachen Tatsache zusammen, daß die Studenten dort eine andere Beziehung zur Lebenswirklichkeit haben. Viele kommen erst in späteren Phasen ihres Lebens, haben also zehn Jahre Taxi gefahren oder Kinder aufgezogen. Sicher hat es aber auch damit zu tun, daß es dort andere theologische Traditionen gibt. Das ökumenische Klima ist offener. Das Verhältnis zur Aufklärung ist ein anderes, nicht durch eine Kampfgeschichte bestimmt. Ich erinnere mich an ein großes Gebäude aus dem frühen 18. Jahrhundert in New York, auf dem steht: „Wahre Frömmigkeit, Aufklärung, Gerechtigkeit". Die Tatsache, daß die Kirche keine Staatskirche ist, hat andere Traditionen christlich-motivierten Widerstands wachsen lassen. Ich kenne eine Reihe von Leuten aus meiner Generation, die mir, wenn ich sie über die Sechzigerjahre frage, die Zeit des Vietnamkriegs also, antworten: „Ach weißt Du, da war ich im Gefängnis." Es waren Christen, die die schwarze Bürgerrechtsbewegung, die Vietnambewegung, die ökologische Bewegung und die Frauenbewegung in Formen zivilen Ungehorsams mitgetragen haben, die sich in Deutschland nie entwickelt haben.

Die Begegnung mit den amerikanischen Feministinnen hat am stärksten auf mich gewirkt und mir eine Reihe von Dingen, die ich vorher unbewußt getan und gedacht habe, im Zusammenhang mit meinem Frausein klarer gemacht. Diese Schwestern haben mich einmal gefragt: Was hat deine Theologie mit deinem Frausein zu tun? Mir fiel nicht viel dazu ein. Dann ist mir aber, je mehr ich darüber nachgedacht habe, sehr, sehr viel klarer geworden, daß etwa mein theologischer Widerstand gegen ein von männlichen Zügen bestimmtes Gottesbild und mein Protest gegen einen Gott, der im wesentlichen Macht verkörpert, im Grunde ein feministischer Protest war. Auch zu einer Zeit, in der ich das noch gar nicht so wußte. Mein Protest gegen einen theistischen Allmachtsgott war von der Frage umgetrieben: Kann man nach Auschwitz noch so wie bisher von einem allmächtigen Gott weiterreden? Die Begegnung mit vielen Frauen hat mir klar gemacht, daß der abstrakte Herrengott, der die Welt regiert und dessen Hauptinteresse Macht und Unterwerfung ist, der also Sklaven will, daß sie ihn eben wegen seiner Macht anbeten, – daß dies nicht der Gott sein konnte, den ich verehren könnte. Er ist mit einem Wort nicht *Gott*.

Meine erste theologische Phase war stark vom Gedanken der Niederlage, von der Verzweiflung, auch vom Nihilismus geprägt. Der gekreuzigte Jesus, der machtlos ist, der etwas gelebt hat, was ich für richtig halte, der keine Gewalt hat, jemanden zu zwingen, außer dieser Stärke der Liebe, der sich aller Macht entäußert und also ohnmächtige Liebe ist, ohne jeglichen Triumphalismus, stand im Mittelpunkt meiner Theologie. Dahinter steckt sicher auch das protestantische Erbe, das alle Macht für böse erklärt. Und mit Macht habe ich eigentlich viel Männliches asoziiert: Brüllen können, schießen können, sich durchschlagen können. In der englischen Sprache hat das Wort Macht aber auch noch einen anderen Sinn: Power. Man kann z.B. davon sprechen, daß das Gras durch den Asphalt dringt, weil es eben so „powerful“ ist. Ich suche heute eine theologische Sprache, die von der Lebensstärke spricht, die etwa in Ostern liegt, ohne triumphalistisch und männisch zu werden, ohne also in die alten Kategorien von Unterwerfung, „Herrschaft und Sieg über den Tod“ zu verfallen. Wie kann man also den Sieg der Liebe aussagen, ohne in Gewinner- Verlierer- Sprachspielen zu denken? Wie kann ich in diese Begriffe fassen, was auch unsere soziale Lebenswirklichkeit ausmacht: also aus einer Welt der Todesverfallenheit und der Todessucht (und die Sucht nach mehr Produktion oder mehr Geld ist ja auch eine Todessucht) herauskommen? Wie kann ich die Qualität eines wirklichen Lebens, von dem die Bibel in den Bildern vom angebrochenen Reich Gottes spricht, in dem die Lahmen gehen und die Blinden sehen, formulieren?

Ich glaube, und gerade in meiner Beschäftigung mit den Mystikern bin ich immer wieder darauf gestoßen, daß man in der Theologie keine systematischen Problemlösungen auf der Ebene eines rationalen Ausgleichs erreichen kann. Man muß Gott lassen können um Gottes Willen. Falls du wirklich Gott meinst, mußt du den, den du schon kennst, vergessen. Weil *er* es sicher nicht ist. Ich will den Atheisten in mir nicht ausrotten. Die Nichtzulassung des Zweifels ist eine Schwäche. Und der Widerspruch eigentlich eine Stärke, wenn man davon ausgeht, daß es den rationalen Ausgleich innerhalb einer systematischen Theorie nicht gibt. Es gibt sicher sehr viele Leute, die meinen, sie verehrten Gott, aber in Wirklichkeit verehren sie Texaco oder Standard Oil. Was einer in seinem Oberflächenbewußtsein denkt oder in religiöser Sprache über Gott sagt, heißt ja noch nicht viel. Man muß zurückfragen nach dem Leben. Das hat mir die Begegnung mit der Frauenbewegung stärker bewußt gemacht. Aber sie hat mir auch ein neues Gespür gegeben für die religiöse Sprache. Die Tradition dieser Sprache hat nämlich eine Kraft. Ich empfinde oft bei den Nichtchristen, mit denen ich zusammenarbeite: Das Fehlen einer Tradition macht sie auch hilflos und stumm. Der nachchristliche Atheismus ist ja zum großen Teil banal. Ich empfinde das gerade in einer Stadt wie Hamburg, die bloß oberflächlich christianisiert ist und wo viele Menschen Nervenzusammenbrüche haben oder Schiffbruch erleiden, weil sie überhaupt kein Medium mehr haben, über bestimmte Fragen mit jemand zu sprechen. Die ungeheure Vereinsamung der Menschen heute besteht darin, daß sie über zentrale Sachverhalte nicht mehr miteinander kommunizieren und diese völlig in den inneren Monolog zurücknehmen. Aber auch der stirbt ab, wenn kein Dialog mehr da ist. Religion ist eine der großen Menschheitssprachen. Wenn sie ausfällt und nichts an ihre Stelle tritt, werden viele Fragen und Erfahrungen sprachlos. Vor einiger Zeit habe ich zufällig Radio gehört, eine Sendung für Hausfrauen, mit ein bißchen Musik und ein bißchen Reden. Mir ist bei diesem Umgang mit der Sprache beinahe physisch schlecht geworden: Eine äußerste verbale Gelenkigkeit; ununterbrochen und ohne Pausen fallen dem Sprecher Wörter ein, ohne daß er etwas sagen würde, – ein reiner aus sich herausspinnender Schleim; die totale Zerstörung von Sprache als Instrument der Kommunikation, der Mitteilung von Leben; eine grauenvolle, inhaltsfreie, unsäglich geschwätzige banale Berieselung. Damit wird nicht nur unsere Sprache und unsere Sprachfähigkeit, sondern auch unsere Empfindungsfähigkeit zerstört. Denn Empfindungen und Sprache werden, falls sie unbearbeitet und unbewußt bleiben, schicksalhaft und zwanghaft.

Auch über diese Bedeutung von Empfindung und Gefühl muß ich sprechen, wenn ich von meinen Erfahrungen als Christin rede. Ein Gefühl kann ja nicht nur unecht, sondern auch objektiv falsch sein. Es gibt eine Gefühlskultur, die Kommunikation verhindert. Wenn Leute sagen: „Ja, ich fühl das so!“, dann heißt das oft: „Du weißt das nicht, du fühlst nicht genauso, mit dir habe ich nichts zu schaffen.“ Und doch ist es überlebenswichtig, die persönlichen Erfahrungen zuzulassen und sie in die Beziehung zu dem anderen einzubringen. Theologie muß für mich gerade von diesen Erfahrungen ausgehen. Männliche Theologie, also jene institutionalisierte Theologie, die in einem langen Prozeß die weiblichen Anteile der Seele stark verleugnet hat, ist eine verkopfte Theologie, die sich in fertigen Sätzen, in Kondensaten aus Erfahrungen also, darstellt. Weiblich wäre für mich zu fragen: Welche Erfahrung steht denn eigentlich dahinter? Was hat Dich dazu geführt? In einem Gedicht habe ich das einmal so ausgedrückt: Welche Erfahrung muß dazu geführt haben, einen Menschen leuchten zu sehen, einen Heiligenschein an einem Menschen zu sehen? Wir sprechen von Engeln. Was ist das eigentlich? In welchem Augenblick kann man das im Ernst von einem Menschen sagen, daß er ein Bote Gottes ist? In diesem Sinn versuche ich mit anderen auf Erfahrungen zurückzugehen. Ich ermutige etwa Studenten, kreativ Theologie zu betreiben, z. B. ein Gebet zu schreiben. Deutsche Theologiestudenten, mit denen ich das gemacht habe, hielten dies für eine absurde Idee. Ich sagte: Das ist doch die natürlichste Tätigkeit des kreativen Herzens. So etwas für absurd zu halten, zeigt nur, wie zerstört unsere Kultur ist. Religion hat in diesem Sinne auch mit Poesie zu tun. Eine einfache Frau in Süditalien, die den Rosenkranz betet und dabei eben doch ihre eigenen Gedanken hat, also auch die untersprachlichen, und für sie darin ein Gefäß findet, ist doch kreativer als ihre Schwester in Hamburg, die vor dem Fernseher hockt.

Mit diesem Plädoyer für das Gefühl will ich nicht einem blinden Subjektivismus oder einer narzißtischen Kultur das Wort reden, die auf den eigenen Genuß zielt und daher zerstörerisch ist. Es geht nicht um Gefühle, die man nicht teilen kann. Es geht um auch gefühlsmäßige Wahrnehmung und Verarbeitung dessen, was man vielleicht intellektuell analysiert hat. Es geht darum, die Pole von Mystik und Politik, von Kampf und Kontemplation wieder zusammenzubringen, die Grunderfahrungen der christlichen Tradition aufzuschlüsseln für die gesellschaftliche Situation, den Menschen, insbesondere den jungen Menschen, ein Gefühl ihrer Würde hier und jetzt zurückzugeben: dies sind nicht nur *Erfahrungen,* die zu vertiefen sich lohnt. Es sind auch *Aufgaben.* Nicht nur für Frauen, aber gerade für sie, die von der herrschenden Kultur mehr beschädigt sind.

Nach einem längeren Rundfunkinterview, das Klara Obermüller mit Dorothee Sölle für das Radio der Deutschen und der Rätoromanischen Schweiz gemacht hat, redigiert und überarbeitet von der Autorin.

MARITA ESTOR, geboren 1932, Dipl.-Volkswirtin, Dr. rer. pol., Dr. theol. h. c. 1965 – 1967 Dezernentin für Außenhandel an der Industrie- und Handelskammer Mönchengladbach. Seit 1968 Tätigkeit in verschiedenen Bereichen des Bundesministeriums für Arbeit und Sozialordnung, seit 1979 Leitung des Referates Frau und Beruf. Seit 1954 Mitglied der internationalen Gralbewegung, einem Zusammenschluß christlicher Frauen. 1971 – 1975 Mitglied der Gemeinsamen Synode der Diözesen Deutschlands. Beraterin der Kommission Wirtschaft und Gesellschaft des Zentralkomitees der Deutschen Katholiken. Mitglied des Bensberger Kreises.

Unterwegs in dieser Zeit

Pfingstliches Weihnachtsfest in der Weltkirche

Die Mitternachtsmesse im Petersdom zu Beginn des Heiligen Jahres 1949 ist zu Ende. Leise beginnen wir deutschen Pilger „Stille Nacht, heilige Nacht“ zu singen. Alle stimmen in ihrer Sprache ein. Zum ersten Mal wird im Petersdom ein Lied in den Sprachen der Menschen gesungen. Das deutsche Weihnachtslied soll zum Zeichen der Versöhnung und der weltweiten Einheit im Glauben und in der Kirche erklingen, so war es der ausdrückliche Wunsch von Papst Pius XII. Vielleicht ist mir dieses Erlebnis deshalb noch so lebendig, weil darin all das anklang, was mich damals als 17jährige bewegte, was meine Lebensentscheidungen bestimmte und was mich auch heute noch immer wieder von neuem herausfordert: im Glauben an Jesus Christus in der weltweiten Gemeinschaft der Kirche dem Kommen des Reiches Gottes dienen.

Ich bin in der Diaspora aufgewachsen im Bewußtsein, es kommt auf uns an, – wir mußten zusammenhalten und zugleich mit anderen auskommen. Außerdem bin ich im „Dritten Reich" aufgewachsen, war selbst Jungmädchen, Führerin-Anwärterin. Als ich aber dann als 14jährige den SS-Staat von Eugen Kogon gelesen habe, hat mich die Scham überwältigt, das Gefühl, mißbraucht worden zu sein. Ich gehöre zu der „skeptischen Generation"; immer ist ein Rest Skepsis gegenüber Bewegungen geblieben, die Massen emotional erfassen, auch Angst mich zu binden. Immer wieder habe ich versucht, durch Studium und kritische Analyse mir rational Gewißheit zu verschaffen. Letztlich war es aber das Engagement in der katholischen Jugend, in der Kirche, das mich nicht in Skepsis und Zynismus verkümmern ließ, sondern das im Vertrauen auf Vergebung, auf die Möglichkeit, neu anfangen zu können, den Blick in die Zukunft frei machte und zum Handeln motivierte. In der Jugendarbeit wie in der Schule wurden wir als Mädchen, als junge Frauen gefordert. Alkestis und Antigone lernten wir ebenso kennen wie Lioba, Roswitha von Gandersheim und Elisabeth von Thüringen, Bettina von Arnim, Helene Lange und Luise Otto-Peters, Sophie Scholl. Helene Weber und Annemarie Heiler, Mitglieder des ersten Deutschen Bundestages, lernte ich persönlich kennen. Wir besuchten Fabriken, Gerichtsverhandlungen, die Stadtverordnetensitzung, den Bundestag, diskutierten mit Frau Einsele die Notwendigkeit der Reform des Strafvollzugs. Ich lernte als junge Frau von diesen Vorbildern und aus eigenen Aktivitäten, daß wir als Frauen und Christen eine Verpflichtung haben, uns ganz und in jedem Bereich des öffentlichen Lebens einzusetzen und so zu einer neuen, besseren Gesellschaftsordnung beizutragen.

Grundlegungen und Entscheidungen

In Rom war ich unter die Journalisten geraten und hatte damit zunächst ein Berufsziel gefunden. Um eine Grundlage zu haben, entschied ich mich für das Studium der Volkswirtschaft und der Theologie. Ein Stipendium ermöglichte mir ein Studienjahr an einem katholischen Frauen-College in USA. Zum ersten Mal erfuhr ich katholisches Milieu, lernte Ordensfrauen kennen, denen wissenschaftliches Arbeiten ebenso wichtig war wie sicheres Auftreten, soziales Engagement und gutes Aussehen. Zum ersten Mal stellte ich mir bewußt die Frage, ob und in welcher Gemeinschaft ich das leben wollte, wozu es mich drängte: ein Leben aus dem Glauben, ein Engagement in den sozialen Fragen unserer Zeit als Frau und mit Frauen.

Ich fand eine solche Gemeinschaft, die internationale Gralbewegung, von einem holländischen Jesuiten 1921 gegründet, in der sich Frauen verschiedenster Herkunft mit sehr unterschiedlichen Gaben zu einem Ziel zusammenfanden: sich für das Kommen des Reiches Gottes in Glauben und Leben zu verbinden. Dafür gab ich mein Studium auf. Die drei Jahre im internationalen Zentrum dieser Gemeinschaft in Holland brachten mich mit vielen Frauen zusammen, die Risiken nicht scheuten, die sich den Herausforderungen der Zeit stellten und immer wieder im Gebet sammelten, die miteinander nach Wegen suchten, wie Frauen ihre Fähigkeiten entfalten, bündeln und andere einbeziehen könnten, die in verschiedenen Situationen neue Wege für ihr Engagement gefunden hatten. Zugleich waren dies Jahre der Zurückgezogenheit, des Hörens in der Stille, der Reflexion, des Betens, des Feierns.

Danach begann ich wieder mit dem Studium, jetzt mit dem Wissen, daß ich meinen Weg zusammen mit vielen Frauen gehe, daß ihr Leben das meine bereicherte, aber auch beanspruchte. In unserer kleinen Gemeinschaft war in all diesen Jahren immer wieder eine, die um ihre tödliche Krankheit wußte und deren tapferen Kampf um den Sinn eines solchen Sterbens wir teilten.

Lange vor dem Konzil begannen in unserer Gruppe die Diskussionen, die später dann auch in der Kirche aufbrachen: Müssen wir nicht eine triumphalistische Haltung aufgeben, die sich im Besitz der Wahrheit wähnt, und solidarisch mit den Menschen sein, die aufgrund ihrer Geschichte Entfremdung, Ausbeutung und Unterdrückung oft auch im Namen des christlichen Glaubens erfahren haben? Wie können wir uns auf die Aufbrüche einlassen und offen sein, wie neue Antworten, Ausdrucksformen und Wege suchen, ohne unsere eigene Identität zu verlieren? Wie können die vielfältigen Erfahrungen und Meinungen der Einzelnen zusammengebracht, auf gemeinsame Ziele gelenkt werden, ohne die persönliche Entfaltung jeder Einzelnen zu gefährden? Welche Rolle kommt der Autorität in einer christlichen Gemeinschaft zu?

Ich fand es nicht leicht in dieser Zeit, Verantwortung für ein Zentrum unserer Gemeinschaft zu übernehmen und gleichzeitig meine Promotion durchzuziehen. Als ich auch physisch dabei an eine Grenze stieß, fand ich Erholung und Ruhe in Fiß, einem kleinen Tiroler Bergdorf. Die Menschen dort, die Gemeinde, ihr in der Tradition wurzelnder und mit dem Leben verwachsener Glaube sind mir in einer anderen Weise Heimat geworden, – vielleicht ein bodenständiges Gegengewicht zu der weltweiten Offenheit unserer Gemeinschaft. Der Pfarrer dort nahm mich zum ersten Mal mit auf einen Berg, lehrte mich in Fels und Eis zu gehen und mit den Augen und dem Herzen zu sehen, wie Gottes Leben die Schöpfung erfüllt. Ich bin immer wieder dorthin zurückgekehrt, habe das Heranwachsen der Kinder erlebt, die Veränderungen durch den Tourismus, das Ringen um einen Glauben, der den Veränderungen nicht nur standhält, sondern zur prägenden Kraft wird.

Vereinbarkeit von Beruf und Berufung

Das Konzil habe ich als Bestätigung und Ermutigung erfahren, mich bewußt nicht im kirchlichen Bereich, in der Erwachsenenbildung oder in unserer Gemeinschaft beruflich zu betätigen; ich wollte vielmehr als Volkswirtin arbeiten. Nach einem etwas frustrierenden Beginn als Außenwirtschaftsdezernentin in einer Industrie- und Handelskammer bekam ich das Angebot, im Grundsatzreferat der Planungsabteilung des Bundesministeriums für Arbeit und Sozialordnung zu arbeiten. Zugleich wurde ich in unserer Gemeinschaft Mitglied des nationalen Leitungsteams. Die Frage, wo und in welcher Weise wir uns als Christen einsetzen, hat uns lange beschäftigt. Ging es darum, als christliche Frauen möglichst kompetent im weltlichen Bereich mitzuarbeiten? Was bedeutete die christliche Motivation angesichts der Sachzwänge, des Eingebundenseins in einen Apparat, eine Bürokratie? Oder wäre es richtiger, eigene alternative Projekte zu entwickeln, in denen wir selbstbestimmt unseren Anliegen Gestalt geben konnten, auch wenn dann ein Teil der Kompetenz brach liegen blieb? Was bedeutete es dann, zu einer Gemeinschaft zu gehören, in der wir unser Leben teilen und für eine menschlichere, christlichere Gesellschaft einsetzen woll-ten?

Die aufbrechende Studentenbewegung, die Auseinandersetzungen um Demokratisierung, das Bewußtwerden der Randgruppenproblematik bei uns und die Konflikte zwischen Erster und Dritter Welt beschäftigten uns. Unsere Freunde aus den lateinamerikanischen Ländern konfrontierten uns mit der Herausforderung, eine radikale Entscheidung für das Evangelium erfordere auch eine radikale politische Option, die sie im Sozialismus sahen. Das weckte in unserer deutschen Gruppe Ängste, Erinnerungen an Flucht vor den Russen, Erfahrungen von Unfreiheit und Verfolgung in der sozialistischen DDR. Für mich selbst stellte sich die Frage, wie kann ich wirklich in der Nachfolge Jesu leben, wenn ich eine so gesicherte, gesellschaftlich anerkannte Position als Beamtin habe? Manchmal war die Spannung groß, fast unerträglich. Es wäre einfacher gewesen, auszusteigen, Aufgaben in und mit der Gemeinschaft zu übernehmen. Vielleicht ist diese Spannung derjenigen vergleichbar, die viele Frauen heute erfahren, die aufgrund ihrer Ausbildung, Kompetenz und Motivation eine Berufstätigkeit mit einem Familienleben zu vereinen suchen, das sie aber in traditioneller Weise voll zu beanspruchen droht. Nur habe ich unsere Gemeinschaft nie in diesem Sinn als Lebensgemeinschaft verstanden, sondern eher als ein Bündnis von freundschaftlich verbundenen und gleichgesinnten Frauen, die sich gegenseitig stützen und tragen, damit jede in der ihr eigenen Weise und mit ihrer besonderen Kompetenz dem gemeinsamen Ziel dient.

Was für unsere Gemeinschaft gilt, gilt erst recht für die Kirche insgesamt: Sie ist nicht um ihrer selbst willen da, sondern hat dem Kommen des Reiches Gottes zu dienen, und dies in unserer Zeit. Ich wurde zunächst als Beraterin, dann als Mitglied der Gemeinsamen Synode in die Kommission „Kirche und Gesellschaft" berufen. Mir war es wichtig, die Fragen der Menschen, des menschlichen Zusammenlebens einzubringen, die Zeichen der Zeit zu erkennen, weil auch in ihnen Gottes Geist uns anspricht. Ich habe mich besonders für Fragen des Dienstes der Kirche in der Leistungsgesellschaft engagiert (das einzige Arbeitspapier, das dann nicht die Zustimmung des Präsidiums fand), für das Verhältnis Kirche und Arbeiterschaft, die Situation der ausländischen Arbeitnehmer, Fragen des Friedens und der Entwicklung. Aber auch bei den mehr kirchlichen Fragen der Sakramente, der Gemeinde, der Orden, der Ökumene schien mir ein Verständnis gesellschaftlicher Zusammenhänge und Veränderungen wichtig, wenn das Evangelium als befreiende Botschaft glaubwürdig gelebt und verkündet werden sollte. Ich fand schnell Anschluß an den Kontaktkreis Synode, der gerade diese Anliegen in die Synode einbringen wollte.

Die Jahre der Synode (1971 – 1975) waren auch Jahre des politischen und gesellschaftlichen Aufbruchs. Mehr und mehr wurde mir die Problematik unseres kapitalistischen Wirtschaftssystems mit seinen verhängnisvollen Folgen für die Menschen deutlich, die den einseitig fixierten Normen nicht entsprechen. Mehr und mehr wurde mir schmerzlich bewußt, wie sehr auch unsere Kirche davon geprägt ist, aber auch, wie sehr sie Hoffnung sein könnte, wenn sie sich, wenn wir uns angstfreier auf das Evangelium einließen. Der politischen Theologie verdanke ich viele Anregungen, die gesellschaftliche und politische Relevanz des Glaubens für unser Leben zu verstehen, und das bedeutete auch, Position zu beziehen für die Benachteiligten, mich für ihre Rechte einzusetzen, mich für eine Kirche zu engagieren, die offen und frei ist, weil sie der Nachfolge Jesu verpflichtet ist. Das Ringen in der Synode hat mich zutiefst bewegt. Die Kritik an der Kirche wuchs, je mehr ich sie in ihren menschlichen Formen und in den geschichtlichen Bindungen an die bürgerliche Gesellschaft kennenlernte. Wenn ich nicht dagegen in unserer Gemeinschaft immer wieder die tiefe, lebendige Kraft des gemeinsamen Glaubens erfahren hätte und wenn ich nicht im Kontaktkreis Freunde gefunden hätte, die aus ihrer Verwurzelung im Evangelium mit großem Ernst für eine Kirche der Armut, der Hoffnung für die Menschen gekämpft hätten, ich weiß nicht, ob ich diese Spannungen und Enttäuschungen ausgehalten hätte. Mit ihnen bin ich weiter gegangen, auch als die Aufbruchstimmung verflog, die Zwänge sich verschärften und von der Synode wenig mehr zu bleiben schien als gute Dokumente.

Frauen – Aufbruch der Schweigenden

1975 war das internationale Jahr der Frau, der Beginn der UN-Frauendekade, – erst belächelt, dann aber doch folgenreich. Auch in unserer Gemeinschaft hatten sich zuerst die Amerikanerinnen auf die neue Frauenbefreiungsbewegung eingelassen, sie als Herausforderung begriffen, uns als Gemeinschaft auf diesen Aspekt unseres Auftrags von neuem zu besinnen: bewußt als Christinnen konstruktiv zu einer menschlicheren Gesellschaft beizutragen und die befreiende Botschaft des Evangeliums auch als Frauen und für Frauen zu entdecken. Die Berührungsängste in Deutschland waren groß. Es dauerte lange, bis unter der kämpferischen Außenseite das eigentliche Anliegen bewußt wurde. Immer mehr Frauen drängten ins Erwerbsleben, suchten ökonomische Unabhängigkeit, wollten sich nicht mehr von Männern ihre Rolle zuweisen lassen, wollten sich selbst in der Öffentlichkeit, in der Wissenschaft zur Sprache bringen, wollten als Person anerkannt werden. Frauen entwickelten ein neues Selbstverständnis und entdeckten, wie sehr die gesellschaftlichen Strukturen von Männern in deren Interesse geprägt, wie wenig Gleichberechtigung und Partnerschaft verwirklicht waren. Auch in der Kirche wurde mit Erschrecken der lautlose Auszug der Frauen, ihre Ablehnung kirchlicher Normen festgestellt. Zum ersten Mal hörte ich von feministischer Theologie, entdeckte, wie wenig ernst die Frauen in der Kirche genommen wurden, wie fremd ihre wirkliche Situation in der Familie und in der Arbeitswelt, ihr Fühlen und Denken, ihre Erfahrungen den Verantwortlichen in der Kirche waren.

Im Bundesarbeitsministerium wurde ein eigenes Referat „Frau und Beruf" eingerichtet, dessen Leitung mir übertragen wurde. So konnte ich das, was uns als Gemeinschaft christlicher Frauen Anliegen und Auftrag war, mit meiner beruflichen Tätigkeit verbinden: Benachteiligungen von Frauen aufzudecken und Maßnahmen zur Förderung von Chancengleichheit zu entwickeln. Ich erfuhr durch die Zusammenarbeit mit Frauen auf internationaler Ebene, wie z. B. auf der Weltfrauenkonferenz 1980 in Kopenhagen, wie Frauen weltweit sich ihrer Diskriminierung bewußt geworden sind, aber auch, wie sie ihre Kompetenz einzubringen versuchen im Interesse aller Benachteiligten. Ich konnte aber auch meine beruflichen Kenntnisse und Erfahrungen und meine christliche Motivation mit vielen Frauen in der Kirche teilen, die spürten, daß die Nachfolge Jesu nicht nur Männersache ist, daß Glauben an Jesus befreit zu Eigenständigkeit und partnerschaftlichem Miteinander.

Manchmal, wenn ich heute sehe und höre, wie Frauen wieder vom Arbeitsmarkt verdrängt werden, wie ihre Art zu forschen diffamiert wird, wie Zentralisierung und technologische Entwicklung jedes menschliche Miteinander zu zerstören drohen, kommt mir meine Hoffnung auf eine von Frauen und Männern gestaltete Welt wie eine Utopie vor, die kläglich an den Realitäten scheitern muß. Vielleicht scheitert diese Frauenbewegung auch, erlahmen die Kräfte, resignieren viele Frauen vor der Übermacht der Männer.

Aber dürfen wir als Christinnen die Hoffnung aufgeben? Frauen haben unter dem Kreuz Jesu ausgehalten und Frauen waren die ersten, die dem auferweckten Herrn begegneten und von ihm den Auftrag erhielten: „Geht und verkündet . . .“

Die Frauenbewegung ist Teil der Befreiungsbewegungen der Benachteiligten in aller Welt. Was sie zum Bewußtsein bringt, sind nicht nur Fragen der Frauen, ihrer Rechte und Würde, sondern Fragen nach der Zukunft des Zusammenlebens und des Überlebens auf dieser Erde. Johannes XXIII. hat in der Emanzipation der Frau ebenso ein Zeichen der Zeit gesehen wie in der Emanzipation der Arbeiter und der farbigen Rassen. Die Grundabhängigkeiten des Menschen – Geschlecht, Rasse und soziale Klasse – bzw. die Grundherrschaftsverhältnisse werden nach seiner Meinung heute infrage gestellt, weil Gott als Schöpfer und Vater, als sich bis in den Tod hinein solidarisierender Sohn und als lebenspendender Geist die Würde eines jeden Menschen begründet. Oder wie es Paulus sagt: „Es gibt nicht mehr Juden und Griechen, nicht Sklaven und Freie, nicht Mann und Frau, denn ihr alle seid ‚einer‘ in Christus.“

Diese uns zugesagte Einheit in Christus erfahre ich zugleich als Schmerz und Beglückung; sie verbindet mein Leben zutiefst mit den Menschen, die unter den tödlichen Trennungen der Rassen, der Klassen und Geschlechter leiden; sie schenkt mir aber auch die Solidarität mit denen, die ihr Leben ganz konkret für diese Einheit in Christus einsetzen.

Hierauf habe ich mich mit meinem ganzen Leben eingelassen. Ich habe Menschen, vor allem Frauen gefunden – innerhalb, aber auch außerhalb unserer internationalen Gemeinschaft –, die diese Herausforderung und Aufgabe, diese Hoffnung mit mir teilen und mich darin bestärken, korrigieren, manchmal durch Phasen der Mutlosigkeit tragen. Mein Leben wurzelt in der Tradition der Kirche, in ihren Festen, in der Feier der Eucharistie; die Vergebung der Schuld ist immer neue Befreiung. Vielleicht wird so meine kleine Hoffnung auf eine lebendige Kirche, in der sich Frauen und Männer an der Seite der Armen für ein menschlicheres Zusammenleben einsetzen, Teil dieser Tradition, die Zukunft wird.

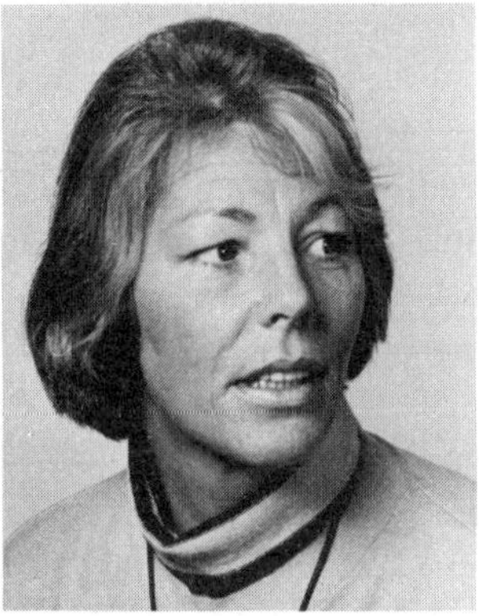

MARIETTA PEITZ, geboren 1933 in München, Studium der Philosophie und Soziologie in Paris und München, seit 1960 freischaffende Fernseh- und Rundfunkautorin mit Schwerpunkt Dritte Welt. Zahlreiche Fernsehdokumentationen, Buch- und Zeitschriftenveröffentlichungen. Mitglied des PEN. Marietta Peitz lebt mit französischem Ehemann und zwei koreanischen Adoptivkindern im bayerischen Voralpenland.

Das Gemeinsame, das ich weltweit erfahren habe

Glaubenserfahrung in der Begegnung mit anderen

Als sie neunzehn war, schwelgte sie im Unglauben und fühlte sich unglaublich „up to date". Mit dreiundzwanzig brachte ihr ein Freund Mozart nahe, lehrte sie, aus der Musik die Botschaft herauszuhören, daß der Umschlag aus der Schwermut in die Glorie jederzeit möglich ist. Sie liebte beide, Mozart und den Freund. Fünf Jahre später starb der Freund. Gott war befragt, sie war befragt: Tod als unbegreiflicher, unverzeihlicher Eingriff!

Mit einem Studienstipendium zog sie ein Jahr durch Indien, sollte hinduistische Praxis vergleichen mit christlicher. Es war ihre erste Begegnung mit dem, was man heute „Dritte Welt" nennt. Wieder waren beide befragt – Gott und sie. In einem Leprosarium in Mangalore gab ein Traum hintergründige Antwort: der tote Christus im Schoß seiner Mutter wandte ihr das Gesicht zu, um zu verstehen zu geben, *sein* Antlitz sei das verstümmelte, faulende Antlitz der Leprosen. „Tat twam asi" – „Du bist es selbst; ich bin es selbst". Dieses Wort der Hindu-Gotteserfahrung hat sie seither begleitet. Nie mehr jedoch ist ihr eine so klare Antwort gegeben worden. *Ihre* Antwort steht immer noch aus.

Als sie dreißig war, ließ man sie zwei Filme über „Kirche in Frankreich" drehen. Damals, in den Anfängen des Fernsehens, schien eine solche Dokumentation noch reines Hörspiel, unmachbar. Sie kämpfte um diese Arbeit – warum nur? Hoffte sie schon damals, auf etwas zu stoßen, nach dem sie unbewußt suchte? Sie stieß darauf. Sie entdeckte eine Kirche, die sich einließ auf den Menschen, einließ mit eigener Opferbereitschaft auf das Labyrinth der neuen Zeit. Es war wie Atemholen. Sie wurde – sicher auf penetrante Weise – fromm. Ehe sie – im Auftrag eines französischen Verlages – zu einer sehr einsamen Weltreise startete, um die „Wurzeln der Armut" zu analysieren, saß sie drei Monate lang bei AGFA am Fließband, um „ihre Brüder, die Arbeiter" kennenzulernen. Es war eine schlimme Zeit und sie eine miserable Arbeiterin, eine doch immer verkleidete „Intellektuelle".

1968–69 die Weltreise, kaum mehr als tausend Dollar in der Tasche. Zum erstenmal Lateinamerika, zum drittenmal Asien, zum zweitenmal Afrika! Nach zehn Monaten türmten sich die Eindrücke zu einem schier blindmachenden Schwarz-Weiß-Kontrast, Härte und Güte, Revolution und Resignation, heiteres Gottvertrauen und blindwütige

Menschenverachtung. Atemlos kam sie zurück. Hätte gern geschwiegen. Mußte schreiben. Mußte schreiben, daß Hunger, Krankheit, Ausbeutung und Gewalt nicht von oben verfügte, unabänderliche Bestandteile der Geschichte sind, sondern unser aller Mitschuld und Versagen.

Als sie fünfunddreißig war, hatte sie viele Freunde, Franzosen vor allem, Menschen, die ihren Kopf hinhielten in dieser verrückten Welt, – Laien, Ordensschwestern, Kleine Brüder, Arbeiterpriester. Einer aus dieser Zeit ist seit zwölf Jahren ihr Mann.

1970 ging sie für zwei Jahre nach Berlin, um eine Fernsehreihe „Die großen Religionen und die Probleme unserer Zeit" vorzubereiten. Die Recherchen nahmen das Ausmaß von sieben Doktorarbeiten an; die Filmreihe selbst versank in der Flut der Dritten Programme.

Sie war neununddreißig, als ihr Mann und sie beschlossen, für mindestens fünf Jahre als „Entwicklungshelfer" nach Hyderabad (Indien) zu gehen. Sie sollte ein Medienzentrum aufbauen helfen, er sich um die Industriearbeiter von sieben Bistümern kümmern. Als alles geklärt war mit Ortskirche und Visum, Abreisetermin und Wohnungsvermietung, verweigerte eine katholische Organisation in Deutschland ihnen die Finanzierung ihres Einsatzes.

Sie packte die Koffer wieder aus und schrieb einen zornigen, hilflosen Roman über die abendländische Blindheit gegenüber den Leiden der Dritten Welt. Das Buch verkaufte sich nicht. Mit neununddreißig wurde sie „Festangestellte" in einer kirchlichen Organisation, die sich mit Problemen der Entwicklungsländer befaßt. Man ließ sie reisen, „Erfahrungen sammeln". Die Erfahrungen weitergeben ließ man sie ungern. Sie war renitent, eine unbequeme Angestellte, doch selten genug war es ihre eigene Unbequemlichkeit, die sie aussagen wollte. Sie schrieb; Bücher entstanden, Artikel, Filme . . .

Bei einem Besuch der kleinen katholischen Kirche in Pakistan hatte diese Kirche ihr 1972 einen sechszehnjährigen Jungen ans Herz gelegt, Katholiken aus Goa, chancenlos in einem islamischen Land. Sie holte ihn nach Deutschland; er ist ihr bis heute geblieben. Die Leidensgeschichte dieses „Sohnes, der kein Sohn sein darf", hat ihren Mann und sie hellhörig gemacht für Ausländerschicksale.

Als sie vierundvierzig war, zerriß es sie förmlich zwischen Anspruch und Wirklichkeit, zwischen dem Wohlergehen eines älteren Ehepaares, das auf dem Land ein Häuschen mit Garten besitzt, und der absoluten Heimatlosigkeit so vieler Menschen überall. Sie war eben nicht nur der „distanzierte Berichterstatter" für die Leiden anderer, – sie war Mitwisser, Mitschuldiger. Das konnte ihr keiner abnehmen; damit hatte sie zu leben . . .

. . . bis heute! Heute sind die Kinder fünf Jahre hier, ein Schuhputzerjunge aus Seoul, ein Findelkind aus Daegu, inzwischen wohlbeheimatet beide. Kleiner Schritt: *Tägliches Teilen* – kaum mehr!

Als die Kinder „seßhaft" geworden waren, filmte sie in den Krisengebieten Mittelamerikas „Märtyrer unserer Zeit". Die Sonntagspredigt von Erzbischof Romero an diesem Tag stand unter dem Zeichen „no materás! – Du sollst nicht töten!" Wenige Monate später ist Erzbischof Romero getötet worden. Als das geschah, arbeitete sie an einem Buch über „Blindenarbeit in Indien". Ein Stück Zeitungspapier, das am Rand des Schwimmbeckens lag in einem schönen Hotel in Madras. Blütenblätter staubten rosa und violett über die Nachricht. Und das fassungslose Gesicht der Nonne neben dem Gestürzten . . . und der jählings neu gekreuzigte und ausgefetzte Christus über dem Altar . . .! Sie hat geweint, sie ist abgereist. Da war mehr ermordet worden als „nur" ein Mensch.

Die Hälfte all der Freunde, mit denen sie vor Jahren eine

Fernsehreihe „Das Risiko, ein Christ zu sein“ gedreht hatte, sind heute tot, erschossen, verschollen, ausgewiesen, oder sie haben die Kirche verlassen aus Enttäuschung über deren Mittelmäßigkeit in einer Zeit, wo man alles sein darf außer mittelmäßig. Einer der so Vertriebenen, Protestsänger aus Brasilien, lebte monatelang verborgen in dem kleinen Haus in Oberbayern. Dann komponierte er eine „Passion“, die in Paris aufgeführt wurde; nach zehn Jahren Exil durfte er in seine Heimat zurückkehren; er wurde verrückt. Einmal – es war das Jahr vor der Ankunft der Kinder – hat sie ein Buch der Stille geschrieben, fast eine Meditation: „Gartengedanken“. So viel Stille ist seither nie wiedergekommen.

Der Gott, den ich meine

Die Evangelien mit dem Seziermesser „wissenschaftlich fundierter Bibelkritik“ anzugehen, ist mir immer unheimlich gewesen. Vielleicht fürchte ich um meinen Kinderglauben, ich weiß es nicht. Ich hoffe doch, mit fünfzig Jahren schon in der *zweiten Unschuld* des Glaubens zu leben. Bei Besuchen in Israel habe ich gelernt, daß „nichts stimmt“ von dem, was da so angeboten wird an heiligen Orten und historischen Stätten. Und doch stimmt alles – auf viel einfachere, glorreiche Weise: *Gott ist Mensch geworden!* Gott ist auf eine Weise Mensch geworden, daß der Mensch ihm folgen kann auf dem Weg zu Gott. Eine Gestalt wie diesen Jesus von Nazareth, das kann die phantastischste Poesie sich nicht ausdenken: dreiunddreißig Jahre Leben, doch in diesen dreiunddreißig Jahren *so viel Leben,* daß jedes Menschenschicksal sich darin wiederfinden kann: der Liebende und der Verratene, der Gedemütigte und der Herrscherliche, – sie alle sind doch vorausgelebt in der Person Christi; ihr Leiden, ihre Angst und scheinbare

Sinnlosigkeit sind beantwortet, wenn sie es nur sein wollen. Der Gott, den ich meine, hat ein menschliches Antlitz. Davon gehe ich aus. Den Spuren dieses Antlitzes habe ich oft und oft begegnen dürfen.

Das zweite Wunder des Christentums ist für mich seine Universalität: Irgendwo in der Welt einzufliegen und innerhalb von wenigen Minuten zu wissen: Du bist angekommen, Du bist angenommen, Du trägst das gleiche Zeichen hinter der Stirn. Ich werde mich immer an einen Sonntagsgottesdienst in Südkorea erinnern, irgendwo im Landesinneren. Statt der Predigt durfte ich ein paar Grußworte sagen; der Missionar übersetzte. Kaum war die Messe zu Ende, stürmten alle auf mich zu, die Bauern und Bäuerinnen dieser Dorfpfarrei, umarmten und streichelten mich, luden in alle Häuser zugleich zu einer Tasse Tee ein. Wir hatten nichts gemeinsam als unseren Glauben; der aber trug in dieser Stunde von Weltende zu Weltende, schuf Nähe, Gemeinschaft, Brüderlichkeit . . .

Eine andere Situation: auf einer der vielen Asienreisen hatte ich eine Woche in Tokyo zu tun; ich fühlte mich völlig verloren, schon weil das für mich entscheidende Medium der Kommunikation, die Sprache, wegfiel. So schlich ich an einem Sonntagmorgen kleinlaut zum Gottesdienst in der Kirche der Jesuitenuniversität. In der hintersten Bank saßen, unverkennbar in ihrer blauen Kleidung, vier junge Schwestern vom Orden des Charles de Foucault. Ich konnte nicht anders, nach dem Gottesdienst sprach ich sie an; schon ihr Anblick war mir Heimat. Wir umarmten uns, als hätten wir uns schon immer gekannt.

Noch eine Szene: wir filmten in Südmexiko eine Dokumentation über „gelebte Theologie der Befreiung". Neben einem flammenspeienden Ölfeld war in einer Hütte ein Kind gestorben. Wir brauchten diese Szene; die Zwänge der Berufsarbeit sind in manchen Augenblicken „unmenschlich". So näherte sich der Kameramann behutsam dem kleinen, blumengeschmückten Gesicht. Plötzlich riß er den Apparat von der Schulter und stürzte hinaus. Auch er hatte einen vierjährigen Sohn. Schweigen, Ratlosigkeit. Wir saßen im Schatten des Vordachs, beklommen, umgeben von Ausrüstungsgegenständen, die auf einmal sinnlos geworden waren. Da kauerte sich der Vater des toten Kindes vor uns in den Sand und begann, ein Vaterunser zu beten. Alle fielen ein, auch wir. Mehr blieb nicht zu tun, doch in dieser Minute der Wahrheit *war* vielleicht alles getan.

Dieser Konsensus, den ich weltweit immer wieder erfahren habe, ist kein Privileg, das einen anderen ausschließen will. Im Gegenteil: Er ist Verpflichtung und Gnade.

Verpflichtung, die Botschaft weiterzugeben vom „gekreuzigten und auferstandenen Herrn" – und das mitten in unserer Zeit. Ich hoffe, ich habe nie ein Buch geschrieben, nie einen Film gedreht, in den diese Botschaft nicht irgendwie „eingewoben" gewesen ist. Mein Beruf bringt es mit sich, daß ich in der Dritten Welt immer in Berührung mit der „Basis" kommen darf, mit den „Feldarbeitern Gottes". Und diesen Feldarbeitern, ihnen allein, verdanke ich, daß ich neben allen Hiobsbotschaften doch immer auch eine Handvoll „Frohbotschaft" weitergeben darf.

Schließlich noch ein Drittes und Letztes: Mein Wissen um die anderen Religionen ist begrenzt, meine Hochachtung fast unbegrenzt. Jeder Glaubensgemeinschaft, meine ich, sind alle Elemente an die Hand (ins Herz) gegeben, um die Gottsuche und Sinnsuche des Menschen nicht im Leeren enden zu lassen. Und doch, ein Rest bleibt; ich sage es so vor mich hin als Ergebnis vieler Vergleichsmöglichkeiten, als persönliches Bekenntnis: Unser Jahrhundert beruft sich auf den „mündigen" Menschen; in keiner der großen Religionen ist der Mensch mündiger als in der christlichen. Er wird genannt „Gottes Ebenbild“, „Mitschöpfer der Schöpfung“, „Erbe der Verheißung“, „Freund“! Das Liebesbündnis zwischen Gott und dem Menschen – in allen Religionen mehr oder weniger ausgeprägt –, im Christentum wird es personal, wird es zum unvergleichlichen „Ich“ und „Du“. Insofern erscheint mir der Glaube an diesen Jesus von Nazareth von geradezu verblüffender und einladender Aktualität, ein „Wahlprogramm“ des 20. Jahrhunderts: Feindesliebe, Brüderlichkeit, Teilen, Nichttöten, auf der Seite der Schwachen stehen, Wohngemeinschaften des Herzens bauen, Rassismus überspringen, in globalen Zusammenhängen denken, der Schöpfung die Ehre geben und damit auch dem verschämten, dem ängstlichen Ich.

Gotteszahl und Alltagseinmaleins

Ich habe diese Überschrift gewählt, weil sie der Titel des nächsten Buches sein wird, das Thema nichtendenwollender Selbstbefragung: Wie gehe *ich* mit meinen Glaubensthesen, meiner Dritte-Welt-Erfahrung, unseren drei Asienkindern, unserem Älterwerden, unserer (relativen) materiellen Ungesichertheit um?

Widersprüchlich!

Ich weiß, was ein brasilianischer Zuckerrohrarbeiter am Tag verdient, wenn er Arbeit hat. Den Gegenwert von diesem Päckchen Gauloises, das ich rauche.

Ich weiß, was eine Übernachtung im Boa-Vista-Hotel am Strand von Recife kostet, verglichen mit dem Einkommen der Armen dieser Millionenstadt. Dennoch bin ich dankbar für einen Tag Atemholen oder auch zwei.

Ich weiß, daß ich mit unseren Kindern im bayerischen Voralpenland in einem kleinen Paradies lebe; soll ich uns deshalb in eine Mietwohnung stecken? Ich weiß, daß ich an unsere Tibethunde mehr Vitamine verfüttere, als ein Kind in Tibet zum Überleben hat. Ich weiß . . . ich weiß . . . alles ist Widerspruch in sich selbst!

Fromms These „Sein statt Haben“ hat mehr als einmal mein Leben beeinflußt, doch „Haben“ hat nun einmal auch manche erfreuliche „mozartische“ Aspekte, diesen kleinem, köstlichen Tupfer *mehr* über das Allernötigste hinaus. In unserem Bauerngarten pflanzen wir Mangold, aber eben auch – Rosen. Kürzlich, an einem Sonntagmorgen, klopfte ein türkischer Familienvater an unsere Tür: Er fand, ein so großes kleines Haus könnte doch noch einmal eine fünfköpfige Familie aufnehmen. Natürlich könnte es; *ich* will nicht. Ich will in einem Haus leben dürfen, nicht in einer Baracke. Mit *welchem* Recht?

Kurz: ich jongliere täglich, stündlich zwischen Konsumverzicht und Kinderhunger, Haushalt und Berufsarbeit, Verzichtenlernen und Geldverdienenmüssen, dem Kauf eines Primelstocks oder dem Kauf von einem Paar Kindersocken.

Über meine spezifische Situation als „weibliches Wesen“ habe ich, ehrlich gestanden, nie nachgedacht, außer, daß ich meine männlichen Kollegen beneide, die eine Ehefrau haben „fürs Gröbste“, für Essenkochen und Arztbesuche, Telephondienst, Akten abheften, Geschenke besorgen, Karneval dekorieren, Tiefkühlfächer enteisen, und was da so täglich anfällt. Mein Freund und Kollege Rainer hat mit alledem nichts zu tun; er darf – dank seiner Renate – „hemmungslos schöpferisch“ sein, während ich, beim Wiederlesen meiner Bücher, bei meinem Zigarettenkonsum, doch den ewigen Druck genormter Tageszeiten erkenne, das Jonglieren zwischen der leeren Seite in meiner Schreibmaschine und dem übervollen Erzählwunsch der Kinder, zwischen Zahnarzt und Theologie, Filmterminen, beruflichen Vergeblichkeiten und menschlichem Versagen meiner Familie gegenüber. Ich bin nicht „emanzipiert“, wenn man unter „Emanzipation“ die geniale Vernachlässigung des täglichen Mittagessens verstehen will; ich bemühe mich einfach um die Versöhnbarkeit zweier schier unversöhnbarer Existenzen. Glanz und Glorie der berufstätigen Frau und Mutter! Ach nein! Tägliche, stündliche Zerreißprobe! „Dienst am Leben“ nannten *unsere* Mütter das pathetisch und ein wenig ahnungslos.

Ich erbitte für mich einen „Dienst am Leben“, der ein wenig über das Alltagseinmaleins hinausreicht. Ich erbitte von meinem Mann und den Kindern die Freiheit, all die Liebe, die ich in meiner Familie erfahre, weitergeben zu dürfen an andere, an die Unversorgten, die Ungeborgenen der Dritten Welt – und ihre Liebe zurückbringen zu dürfen in unser Haus. Von diesem „Austausch“ leben wir alle; gewiß nicht „opferlos“, gewiß nicht ohne ständige Befragung, gewiß nicht „ohne Freude“. Und so addieren sich die tausend Mühen des Tages geheimnisvoll doch wieder zur Gotteszahl.

WALTRAUD WAGNER-KÖNIG, 1925 in Tübingen geboren; Ausbildung in Gesang und Studium der Germanistik, Romanistik und Anglistik; Verlagstätigkeit, Kirchenkonzerte. Mutter von vier Kindern. 1968 – 1975 Paris, seit 1977 Arbeit in der Erwachsenenbildung, Veröffentlichung von Gedichten in in- und ausländischen Kulturzeitschriften; Gedichtband „Netze aus Licht".

Ein Traum
Epilog – nicht ohne tiefere Bedeutung

Als neulich aus Rom ein Gesetz erging, daß fortan die Mädchen nicht mehr an den Altären dienen dürften, und die Madonnen in allen katholischen Kirchen der ganzen Welt dies gewahr wurden, da wollten auch sie nicht länger in den Kirchen verbleiben. Eine jede von ihnen folgte einer inneren Weisung, drückte ihr Kind oder den toten Sohn fester an ihr Herz und verließ den heiligen Ort, an dem sie stand. Sie stiegen sicheren Schrittes von der „Ehre der Altäre", sprangen mutig aus dem engen Rahmen ihrer Bilder und aus den Deckenfresken, aus den geschnitzten Mandorlen und Gloriolen, wanderten aus den bunten Kirchenfenstern. Sie löschten, bevor sie sich auf den Weg machten, all die vielen Lichter aus, die um sie herumstanden, und dachten traurig an die Menschen, die sie für sie angezündet hatten. Wo immer sie in der Welt auch waren, sie wollten – so bestätigte sie die innere Weisung – nach Rom, um zu demonstrieren.

So kam es, daß alle Madonnen unterwegs waren: die strengen romanischen mit den asketischen Figuren – sie gingen mit leichten Füßen; die gotischen mit dem preziösen Knick in der Hüfte, mit Spielbein und Standbein und ihren faltenreichen Gewändern hatten es schon etwas mühsamer, und erst die barocken mit allem Drum und Dran mußten sich hart ins Zeug legen, um ordentlich voranzukommen; nicht weniger natürlich die in Himmelblau und Weiß gekleideten, von oben bis unten in schweren Gips gefaßten. Am schlimmsten aber war es zweifellos für die lieben Frauen aus den Wallfahrtsorten; sie trugen die Lasten und Geschenke ihrer erhörten Bittsteller: Uhren, Ketten, Ringe, Rosenkränze, Kronen, Armreifen bis zu den Schultern.

So schleppten alle mit sich, was sie hatten: die jungen das verspielte Jesuskind, oft mit dem ganzen Globus in den Händchen, die Pietas den noch immer blutenden toten Heiland, und die von der Wallfahrt die Nöte und Ängste und den Dank der gequälten Menschen. Aus allen Erdteilen machten sie sich so auf den Weg, trugen die Hautfarben und Eigenheiten ihrer Rassen, hatten Gesichter aus allen Ständen: pfiffige, wie sinnliche Bauernmädchen, selbstbewußte, wie verwöhnte Bürgersfrauen, schöne und ebenmäßige, wie man sie sich aus fürstlichem Stande vorstellt, und engelgleiche, wie es sie auf der weiten Erde kaum zu finden gibt. – So waren über Nacht alle katholischen Kirchen madonnenlos geworden! Denn wirklich alle waren sie ausgezogen, auch die ganz ehrwürdigen wie „Notre Dame“ aus Paris, „Unsere liebe Frau“ aus München und die aus Altötting, die „Senora Blanca“ aus To-

ledo und die Schwarze von Tschenstochau, ja selbst die sanfte regenbogenfarbige „mater ter admirabilis“ aus dem rheinischen Schönstatt. Mein Gott, nun gab es nur noch Madonnen in nichtkatholischen Kathedralen und Domen, bei den russisch-orthodoxen und all den sonst noch getrennten Brüdern!

Über Wüsten und Meere, Täler und Gebirge, durch Dörfer und Städte schleppten sie sich, vorbei an allem Leid und aller Freude dieser Welt und erreichten sternförmig die heilige Stadt und den Petersplatz.

Dorthin war schon die Kunde von ihrer Ankunft gedrungen. Die Schweizer Garde mit ihren Hellebarden wollte sie lenken und leiten und sicher auch behüten, doch Engel Gottes fuhren vom Himmel, vertrieben sie mit flammenden Schwertern und stellten sich wachend an die Kolonnadensäulen.

Der Heilige Vater machte sich keine großen Sorgen, obwohl das Telefon nicht stillstand und aus der ganzen Welt gemeldet wurde, daß alle Frauen im kirchlichen Dienst ebenfalls ihre Arbeit nieder- und damit das Leben in den Gemeinden lahmgelegt hätten. Er fürchtete sich nicht, er kannte sich als den vielgereisten erfahrenen Mann mit der großen Ausstrahlung, der in allen Sprachen sprechen konnte, der zwar die Frauen so richtig nicht liebte, um so mehr aber sich in innerer Eintracht mit der einen überhöhten, nämlich „Unserer Lieben Frau“ wußte.

Die Madonnen aber nahmen ihre Kronen ab, ihren Schmuck, ihre Zepter und standen so nun vor ihm – ein Millionenheer von Frauen, wie aus dem Volke geschnitzt, aus allen Ständen und allen Rassen, mit ihren Kindern auf den Armen, ihren toten Söhnen auf dem Schoß und der Not und Angst der Menschen auf ihren Schultern, Frauen, die alle auch ihre menschliche Geschichte in dieser Kirche hatten.

Der Heilige Vater entdeckte viele Bekannte, und so fragte er in allen Sprachen des Erdkreises, was sie bedrükke, warum gerade sie hier demonstrierten. Doch sie gaben ihm keine Antwort. Denn sie wußten sehr wohl, daß eine Frau in der Kirche eben zu schweigen habe. Nur die sogenannten „tränenden Madonnen“ weinten und schluchzten zum ersten Mal ohne künstliche Nachhilfe. Und als der Heilige Vater auf Polnisch sprach und ganz sicher war, die Schwarze Madonna werde ihn verstehen und ihm antworten, sah sie ihn nur ganz ernst und schweigend an, so wie sie es eben immer tut. Und die Cherubinen und Seraphinen rollten Transparente aus, ganz bunte, weder in marianischen noch in kirchlichen Farben. Auf denen stand geschrieben: „Wir sind nie ‚Archen des Bundes‘ gewesen, auch keine ‚Morgensterne‘, keine ‚elfenbeinernen Türme‘ und ‚goldene Häuser‘, wir sind Frauen aus dem Volk, die Wiege für Christus und diese Kirche, heute wie damals.“

Es wurde still und stiller, und die Mütter nahmen ihre Kinder und toten Söhne noch fester an ihr Herz, während der Heilige Vater krampfhaft die Finger um sein eisernes Wanderkreuz spannte, wie um ein ehernes Gesetz. In der Tat, es stimmte ihn sehr nachdenklich: da unten das so vielsagende Schweigen der sonst so gesprächigen Frauen mit dem Leben und der Not der ganzen Welt auf den Schultern – und weit oben er, sehr einsam, mit den Regeln dieser Kirche in den Händen.

In dieser peinlichen Stille hatte der Himmlische Vater ein Erbarmen mit beiden: seinen Töchtern, die nicht sprechen konnten, und mit dem irdischen, dem Heiligen Vater, denn er liebte auch ihn. Er schickte deshalb eine große Wolke, um die Madonnen – ihnen ja nichts Neues – wieder einmal in den Himmel heraufzuholen. Die barocken verstanden dies sofort; sie stellten sich auf die Zehen, hoben die Rechte nach oben, ebenfalls die Augen, und alle taten es ihnen nach.

So war in Windeseile der ganze Petersplatz engel- und madonnenleer, und man hörte nur das Klirren des Geschmeides, der Kronen und Zepter, die der für die päpstlichen Banken zuständige Kurienkardinal in Körben sammeln und in die Schatzkammern bringen ließ. In den katholischen Kirchen der Welt aber wurde es kalt und dunkel. Es brannten keine Lichter mehr, die Blumen verdorrten, die Marmorböden blieben schmutzig, und ein eisiger Wind blies durch die zerbrochenen Madonnenfenster. Keine Gemeinde funktionierte mehr. –

Im Himmel indessen freute sich der liebe Gott über die tausendfache Ankunft unserer lieben Frauen, mit denen er sich sofort verstand. Die Madonnen brachen in freudiger Redseligkeit aus ihrem Schweigen aus, und der Himmlische Vater fragte sie: „Warum seid Ihr mit dem Irdischen Vater denn gar nicht zurechtgekommen?" Sie sagten: „Sieh mal nach unten, da sitzt er, der Heilige Vater, sitzt im Kreise seiner purpurtragenden Männer, alte Männer, nichts als Männer – Männer – Männer, und hält Rat: ‚Was soll wohl der Auszug der Madonnen, unserer Mägde', fragt er. „Siehe Herr, er hat nichts verstanden." Der Himmlische Vater jedoch verstand und lächelte. Und er gab ein großes Gastmahl, hielt die humorvollste, liebenswürdigste und doch tiefsinnigste Damenrede, die es je gab. Und er endete mit einem Aufruf an alle: „Geht zurück auf Eure Altäre, in Eure Nischen und Mandorlen, in Eure Fresken und Kathedralfenster. Ihr habt einen großen Auftrag: Verkündet mich auf Eure Weise, denn Ihr sprecht für die weibliche Seite meines Wesens." Und für die schlichten, gipsernen und stilleren Gemüter unter ihnen fügte er hinzu: „Ihr seid ein Stück von mir."

Eine Wolke brachte sie dann zur Erde zurück, an ihre

Plätze, wo sie mit großem Jubel empfangen wurden, wo die Mädchen am Altar standen, die Blumen wieder zu blühen anfingen, die Lichter aufstrahlten und die Organisten in die Tasten und Register griffen, als gäbe es eine große Hochzeit zu feiern. Die Menschen hatten tatsächlich begriffen, was hier vor sich ging, und man feierte erstmals mit viel Freude und Humor das Fest von der Erdenfahrt Mariens.